ZWISCHEN HIMMEL UND ERDE

Zwischen Himmel und Erde

Phantasiereisen für Sucher

von Klaus W. Vopel

iskopress

ISBN 978-3-89403-076-6
2. Auflage 2008
Copyright © iskopress, Salzhausen
Umschlag und Grafik:
Mathias Hütter, Schwäbisch Gmünd
Druck: Hans Kock, Bielefeld

Bibliographische Information der
Deutschen Bibliothek
Die Deutsche Bibliothek verzeichnet diese Publikation in der
Deutschen Nationalbibliographie;
detaillierte bibliographische Daten sind im Internet
über http://dnb.ddb.de abrufbar.

INHALT

VORWORT 7
DAS GEHEIMNIS VON FARBE UND LICHT 11
Die Wolke – Selbstvertrauen 12
Zwischen Himmel und Erde 15
Göttliches Licht 18
Prana – die kosmische Energie 20
Energietransfer 22
Der Tempel 24
Transformation 27
Der Ballon 31
Feuerphantasie 34
Die Kugel 37
Die Brücke 39
Die Leichtigkeit des Seins 41
Die vier Jahreszeiten 44
Der Wasserfall 48
Zu neuen Ufern 50
Sonnengeflecht 56
Die Höhle 59
Der Amethyst 62
Tanz des Lebens 64
Farbe einatmen 67

ZEITREISEN 71
Die Farben der Schöpfung 72
Die Geduld der Sterne 76
Auf den Spuren der Evolution 79
Der Schlüssel zum Paradies 83
Leben im Kosmos 87
Eine unbekannte Welt 91
Geschichte der Erde 94
In die Zukunft sehen 101
Ein anderes Leben 103
Neu geboren werden 105
Eine Reise in die Unterwelt 108
Unsterblichkeit 112

Unsere Suche nach Sinn 114
Rückblick auf unser Leben 117
Ein unsichtbarer Schatz 121

DER ZAUBER DER NATUR 123
Der Berg 124
Der See 127
Das Feuer 130
Die Luft 132
Der Himmel 134
Atem des Lebens 136
Erdträume 138
Die Geister rufen 140
Leben und Sterben 143
Ein Geschenk der Erde 146
Atmen wie ein Baum 148
Flow genießen 150
Ein Fest der Sinne 154
Kinder der Erde 158
Das Meer 161
Der Delfin 163
Den Tag begrüßen 166
Vorbereitung auf die Nacht 169

DIE WEISHEIT DER SCHAMANEN 171
Der Bär 172
Der Bison 175
Tempeltraum 178
Die Pyramide 181
Gandors Garten 184
Der Beduine 187
Für ein inneres Zentrum sorgen 189
Dem tiefen Selbst begegnen 192
Eine Antwort bekommen 194
Eine Offenbarung 197
Heilende Imagination 200
Poseidon 203
Usha 208

Vorwort

In unserer Kultur ist es üblich, das Ego als höchstes Gut der Persönlichkeit zu betrachten. Wir glauben, dass unsere politischen Probleme und unsere persönlichen Schwierigkeiten gelöst werden können, wenn wir die Situation analysieren und dann in den Griff bekommen. Für erwachsen und normal halten wir uns, wenn wir ein differenziertes Bewusstsein haben und wissen, was wir wollen. Wir nehmen an, dass es im Leben darauf ankommt, erfolgreich zu sein, ein starkes Ich und genügend Geld zu haben.

Andere Gesellschaften aus Vergangenheit und Gegenwart orientierten bzw. orientieren sich an traditionellen Wertvorstellungen. Sie respektieren das Geheimnis der menschlichen Existenz und die Unfassbarkeit der Natur. Wenn diese Menschen in Bedrängnis geraten, dann wenden sie sich an höhere Mächte. Ihr Dasein wurzelt nicht in Beherrschung, sondern in Demut. Unser westlicher Weg lässt uns immer wieder der Selbstüberschätzung erliegen. Zum Glück können wir uns jedoch von der Dominanz unseres Ego lösen und den Versuch wagen, tiefer in uns hineinzuhören und unsere Seele neu zu entdecken. Und wenn wir von unserer inneren Tiefe her leben, dann wird uns deutlich, dass unsere Existenz ein Geheimnis ist, welches unser rationales Denken nicht entschlüsseln kann. Wir ahnen, dass wir eine andere Art von Intelligenz benötigen, wenn wir mit uns selbst, mit anderen Menschen, mit der Welt in Frieden leben wollen.

Auch hier können wir von einigen traditionellen Kulturen lernen. Während wir oftmals unsere Eltern und Großeltern für unsere Probleme verantwortlich machen, werden dort die Vorfahren verehrt und die Kinder mit Mythen und Ritualen vertraut gemacht, die den Einzelnen mit der Gemeinschaft verbinden. Wir dagegen geben uns damit zufrieden, dass unsere Kinder Rechnen lernen und einen PC bedienen können.

Es spricht vieles dafür, dass wir uns wieder mehr auf unsere Seele einlassen. Denn damit befreien wir uns auch von dem fruchtlosen Zwang, uns selbst immer besser verstehen zu müssen. Stattdessen können wir lernen, mit unseren Leidenschaften zu leben, mit unseren Träumen und mit den geheimnisvollen Kräften, die uns antreiben. Diesen Mächten wurden in der Geschichte verschiedene Namen gegeben: Genius, Engel, Dämon, Animus und Anima. Wenn wir eine solche Neuorientierung riskieren, dann ist unser höchstes Ideal nicht mehr, vernünftig und erfolgreich zu sein. Stattdessen versuchen wir, ein kreatives Leben zu führen und auf die Wünsche unserer Seele zu hören: auf unsere elementaren Stimmungen, Gefühle und Ideen, die sich in uns melden. Wenn wir diese vielfältigen Stimmen ignorieren, dann werden sie leicht unsere Feinde, und wir entwickeln die typische Spaltung der Psyche. Unser Alltagsleben ist flach und ohne Inspiration, während unsere Leidenschaften unverständlich und unkontrollierbar werden.

Niemand kann seine Seele beherrschen oder analysieren. Unserer Seele nähern wir uns besser in der Haltung des Künstlers und nicht mit der Rationalität des Wissenschaftlers. Wir brauchen Geduld und lassen uns besser von Weisheit leiten und nicht von Wissen. Denn wir müssen unsere Seele behutsam kennenlernen und auf vorschnelle Erklärungen und Heilungen verzichten.

Wenn wir unsere innere Tiefe entdecken wollen, kann uns die Poesie womöglich besser helfen als die Psychologie. Wir können Verbindungen herstellen zwischen Drama, Literatur, Malerei und Musik auf der einen Seite und unseren persönlichen Konflikten und Herausforderungen auf der anderen. Wenn wir mit unserem tiefen Selbst Freundschaft schließen wollen, dann bringt uns unsere Phantasie weiter als unsere Rationalität. Und in Zeiten emotionaler Krisen mag es manchmal besser sein, keine psychologischen Experten zu konsultieren, sondern ein bestimmtes Musikstück zu hören, ein Bild zu malen oder ein Gedicht zu schreiben.

Analysen und Erklärungen schaffen leicht Distanz und unfruchtbare Rezepte für ein geordnetes Leben, während Kontemplation und Phantasie Nähe und Intimität schenken. In den Künsten finden wir Verständnis für nahezu jedes menschliche Schicksal. Von James Hillman stammt die überraschende Bemerkung, dass die Seele uns zu unserem eigenen Nutzen in die Bewusstlosigkeit führt.* Wie können wir uns das vorstellen? Wenn wir uns verlieben, uns in ein Projekt vertiefen oder wenn wir von einer starken Depression heimgesucht werden, dann verlieren wir die Orientierung und die Kontrolle. Die Seele hat die Initiative ergriffen und uns in ein Abenteuer geführt. Wir wissen nicht genau, was wir tun und ob wir es tun sollten. Nachdem wir eine Zeit lang die Übersicht verloren haben, gelangen wir manchmal an einen Platz, den wir unser ganzes Leben gesucht haben, zu dem richtigen Partner, in einen guten Job, auf eine neue Ebene der Selbstgewissheit.

Unsere Kultur preist strategisches Denken und Selbsterkenntnis. Aber dieser Ansatz führt leicht zu Rivalität und Aggression auf dem Hintergrund von Lebensangst. Wenn wir uns vor allem auf unseren Intellekt verlassen, dann balancieren wir wie Artisten auf dem Hochseil. Wir werden besser „geerdet" durch unsere Seele. Ihr Terrain ist jene Tiefe, in die wir unsere Saaten einpflanzen und unsere Toten beerdigen. Und sicherlich ist hier auch ein fruchtbarer Boden für persönliches Wachstum.

Und wenn wir bereit sind, mehr auf unsere Seele zu achten, dann kann uns dabei vor allem unsere Phantasie helfen. Im Laufe unseres Lebens verwandelt sich alles, was wir erleben, lesen und lernen, in Bilder und wird zu unserer Phantasie. Diese Phantasie ist das Fundament unserer Persönlichkeit. Sie verbindet uns mit dem eigenen, tiefen Selbst, mit der Erde und mit der Weite des Himmels. Unsere Phantasie braucht die Freiheit. Damit sie blühen kann, müssen wir das tun, was jedem Künstler vertraut ist – die Kontrolle über unser Leben lockern und uns innerlich und äußerlich auf Reisen begeben. Vielleicht müssen wir Worte sagen und Dinge tun ohne zu wissen, wohin das führt. Vielleicht müssen wir jemand werden, der wir nie sein wollten. Vielleicht müssen wir zulassen, dass unser Leben eine Richtung nimmt, die unsere bekannten Pläne, Werte und Hoffnungen in Frage stellt.

---

*James Hillman: The Soul's Code. In Search of Character and Calling, Warner Books, New York 1997)

Eine solche Bereitschaft ist oft die Voraussetzung dafür, dass wir jenes kostbare Glück spüren, das sich erst einstellt, wenn wir dem folgen, was unsere Seele möchte.

Diese innere Haltung können wir nicht durch einen einfachen Entschluss erreichen. Die in diesem Buch enthaltenen Phantasiereisen bieten eine praktische Möglichkeit, unsere Phantasie Schritt für Schritt neu zu beleben. Sie können uns mit der Natur verbinden, uns unsere Wurzeln in der Erde spüren lassen und unserer Sehnsucht nach der Unendlichkeit Ausdruck geben.

Wir alle suchen und sind manchmal frustriert, dass unsere tiefsten Sehnsüchte nie endgültig befriedigt werden. Aber unser Verlangen hält uns lebendig und in Bewegung. Jedes Verlangen verdient, dass wir es beachten, auch wenn wir feststellen, dass wichtige Wünsche offen bleiben. Gerade die Unerfüllbarkeit unserer Sehnsucht, jenes bittersüße Gefühl der Leere kündigt uns die Gegenwart des Göttlichen an.

Klaus W. Vopel

Das Geheimnis von Farbe und Licht

Die Wolke – Selbstvertrauen

Weiß symbolisiert Himmel und Licht, Sieg, Reinheit und Unschuld. Es ist ein Zeichen der höchsten, göttlichen Macht. Die heiligen Pferde der Griechen, Römer und Germanen waren weiß. Im Mythos tritt der Ritter mit einem weißen Pferd als Retter auf. Er verkörpert Liebe und Mut, und er siegt über die Mächte der Dunkelheit.

Am ersten Tag jedes neuen Jahres ritten die römischen Konsuln in einer weißen Toga und auf einem weißen Pferd zum Kapitol, um den Sieg Jupiters, des Lichtgottes, über die Geister der Dunkelheit zu feiern. Und die Römer markierten auf ihren Kalendern die Tage, für die es ein günstiges Vorzeichen gab, mit weißer Kreide, während ungünstige Tage mit Kohle gekennzeichnet wurden.

Licht hat die Menschen in allen Kulturen und seit ewigen Zeiten fasziniert. Das Licht der Sonne macht den Menschen handlungsfähig und mutig, während er sich in der Dunkelheit der Nacht eher unsicher und bedroht fühlt. Das Licht der Sonne lässt Pflanzen und Tiere gedeihen und sichert die physische Existenz der Menschheit. Es ist kein Wunder, dass viele Götter mit Licht in Verbindung gebracht wurden. Der indische Gott Brahma, der ägyptische Gott Ra, der griechische Gott Helios und viele Naturgottheiten auf allen Kontinenten wurden als Götter des Lichts gesehen. Der Name des höchsten römischen Gottes Jupiter bedeutet „Vater des Lichts". Christus benutzte ebenfalls die Lichtsymbolik, um seine Bedeutung als Retter der Menschen zu unterstreichen, wenn er sagte: „Ich bin das Licht der Welt..." Die biblische Schöpfungsgeschichte unterscheidet zwischen dem Licht, das am ersten Tag der Schöpfung geschaffen wurde, und dem Licht von Sonne, Mond und Sternen, die Gott erst am vierten Tage schuf. Wir können das erste Licht als das spirituelle verstehen und das zweite Licht als das physikalisch-natürliche. Aber nicht nur Schamanen, Propheten und Priester haben die Bedeutung des Lichts erkannt, sondern auch die Medizin. Schon der griechische Arzt Hippokrates wusste, dass Kälte und fehlendes Licht die Stimmung des Menschen verdüstern. Heute kennen wir in der Psychiatrie das Lichtmangelsyndrom. Im Winter leiden etwa zehn Prozent der Bevölkerung daran. Sie reagieren depressiv und verstimmt, sie leiden an einem Mangel an Antriebskraft und Enthusiasmus. Viele würden am liebsten auch am Tag im Bett bleiben und eine Art Winterschlaf halten.

Auch in vielen Phantasiereisen spielt die Lichtmetaphorik eine bedeutende Rolle. Wenn wir uns weißes oder goldenes Licht vorstellen, dann kann das ähnliche Auswirkungen haben wie das natürliche Licht der Sonne. Durch Autosuggestion können wir die Produktion jener Glückshormone anregen, die uns ein Gefühl der Kraft, der Lebendigkeit und des persönlichen Wertes schenken. Auch wenn wir uns ein helles Licht nur vorstellen, können wir unsere Stimmung verbessern und unser Immunsystem stärken.

In der folgenden Phantasie benutzen wir die Lichtsymbolik, um ein Empfinden von Sicherheit und Zuversicht zu erzeugen.

ANLEITUNG

Bitte setz dich bequem hin und schließ deine Augen... Stell beide Füße fest auf den Boden und atme dreimal tief aus... Spüre, dass du bei jedem Ausatmen entspannter und ruhiger werden kannst...

Stell dir nun vor, dass eine weiße, weiche, flauschige Wolke über deinem Kopf schwebt, in die du alle Gründe, direkte und indirekte, hineinlegen kannst, die deiner Meinung nach zu deinem Mangel an Selbstsicherheit beigetragen haben. Betrachte diese Gründe als eine Art unsichtbares Computerprogramm, das dich dazu bringt, dich auf eine Weise zu verhalten, wie du es gar nicht willst. Darum ist es nützlich, dass diese Programmierung gelöscht wird...

Lass dein Bewusstsein jetzt ganz entspannt fließen, und wenn dir irgendein Grund einfällt, weshalb du dich nicht selbstsicher fühlst – und mag er noch so trivial sein – dann lege ihn in diese Wolke...

Wenn du das tust, wird dich dein Unbewusstes dabei unterstützen, und es wird noch weitere Gründe, die dir im Augenblick vielleicht gar nicht klar sind, ebenfalls in der weißen Wolke deponieren, sodass diese immer dunkler wird. Und wenn du alle Gründe, die dir einfallen, in diese Wolke gelegt hast, dann wird sie ganz schwarz sein... (1 Minute)

Und nun sieh diese schwarze Wolke, die dieses negative Programm enthält... Irgendwo dahinter wirst du ein Licht aufleuchten sehen. Zuerst ist dieses Licht vielleicht noch schwach, aber es wird von Augenblick zu Augenblick intensiver und heller. Und dieses Licht ist tatsächlich eine Sonne, nämlich die Sonne deines eigenen, tiefen Wunsches, dich von allem zu befreien, was dich davon abhält, dein Leben vollständig auszukosten...

Das Licht wird stärker und heller; es fängt an, die schwarze Wolke zu verbrennen. Und während dies geschieht, wirst du immer stärker die Wärme der Sonne spüren, während die Wolke vollständig verbrannt wird, sodass nichts übrig bleibt, weder von der Wolke, noch von ihrem Inhalt... Du kannst in der Wärme dieser Sonne baden und spüren, wie ihre Strahlen in jede Zelle deines Körpers eindringen und dir ein wunderbares Gefühl der Selbstsicherheit und der inneren Stärke schenken...

Komm nun, wenn du dazu bereit bist, mit deiner Aufmerksamkeit wieder hierher zurück. Bring alles mit, was du in dieser Phantasie gewonnen hast. Reck und streck dich ein wenig und atme einmal tief aus. Öffne die Augen und sei wieder hier, erfrischt und wach.

Zwischen Himmel und Erde

Wenn wir unruhig sind, wenn wir uns überfordert fühlen, verletzlich oder unsicher, dann kann uns diese klassische Übung dabei unterstützen, innerlich zur Ruhe zu kommen. Sie hilft uns, das Empfinden ruhiger Konzentration zu entwickeln, die eigene Mitte zu spüren und die ruhige Gelassenheit des reifen Erwachsenen wiederzugewinnen.

Anleitung

Wenn du das Bedürfnis hast, innere Stabilität zu spüren, dann hast du einen Bundesgenossen, der dir immer zur Verfügung steht: das strahlende Licht der Sonne. In vielen Traditionen gilt das weiße Licht der Sonne als eine Quelle der Heilung, die unsere ganze Existenz erfrischen und beleben kann. Wenn dir aus irgendeinem Grund in diesem Augenblick klares, weißes Licht ein unbehagliches Gefühl vermittelt, dann gib dem Licht irgendeine andere Farbe, die dir ein positives Gefühl gibt.

Und nun mach es dir auf deinem Stuhl bequem. Halte deinen Rücken ganz gerade und stell deine Füße fest auf den Boden. Wenn du eine gute Haltung gefunden hast, dann geh mit deiner Aufmerksamkeit zu deinem Atem. Bemerke einfach, wann du einatmest und wann du ausatmest. Vielleicht kannst du dann auch den Ruhepunkt entdecken, der zwischen jedem Ausatmen und jedem Einatmen liegt. Lass dich von diesem Ruhepunkt einladen, selbst ebenfalls von Atemzug zu Atemzug ruhiger und entspannter zu werden...

Nun schließ deine Augen und stell dir vor, dass von der Sonne weißes, heilendes Licht oben durch den Kopf in deinen Körper strömt. Ganz sanft fließt das Licht in deinen Körper hinein – in deinen Nacken, in deine Wirbelsäule, in deine Beine. Und unten fließt es aus deinen Fußsohlen wieder hinaus, hinab in die Erde, und von dort immer weiter hinab bis in ihr Zentrum. Dieser Lichtstrom von der Sonne ist immer vorhanden, immer verfügbar und immer bereit, dich zu erfrischen. Bemerke, wie die Kraft der Sonne deine Wirbelsäule hinabströmt, deinen ganzen Körper durchdringt und jeder Zelle neue Energie schenkt.

Und während du langsam und ruhig weiteratmest, kannst du bemerken, wie sanft dieser Lichtstrom ist und wie wirksam. Das Licht findet überallhin seinen Weg: Du kannst es mit deiner Haut aufnehmen, mit deinen Muskeln, mit den feinsten Verzweigungen deiner Blutgefäße, mit jeder Nervenfaser, mit all deinen Gelenken und Knochen. Dieses heilende Licht gibt dir nicht nur neue Kraft, sondern es reinigt auch Geist und Seele. Es spült alles fort, was du nicht mehr brauchst – alte Gedanken und Gefühle, Verhaltensmuster, die dir nicht mehr nützlich sind, Stress und die Spannungen des Tages.

Vielleicht kannst du dir gestatten wie ein Schwamm zu sein, der dieses wohltuende Licht bereitwillig in sich aufsaugt. Du musst dir nur vorstellen, dass du ein Schwamm bist, der ohne jede Anstrengung das Leben spendende Licht der Sonne in sich aufnimmt...

Lass dir einen Augenblick Zeit, um zu spüren, wie das weiße Licht durch dich hindurchströmt. Gestatte dir, die angenehmen Gefühle zu empfinden, die dabei entstehen können. Und wenn du irgendwo noch Anspannung oder unbehagliche Gefühle bemerkst, dann atme einfach weiter und gestatte allem Unbehagen, in Bewegung zu kommen und durch dein Bewusstsein zu fließen, während das weiße Licht dich mehr und mehr anfüllt...

Und nun bemerke, dass ein anderer Lichtstrom aus dem Mittelpunkt der Erde zu dir heraufkommt. Dieses Licht strömt durch deine Fußsohlen, deine Beine, und es steigt auf in deine Wirbelsäule, in deinen Rücken, in deinen Nacken und verlässt deinen Körper ganz oben durch den Kopf. Von dort strömt es weiter, bis hinauf zur Sonne. Dieser Lichtstrom, der aus der Erde kommt, gibt dir ein sicheres Gefühl – du fühlst dich fest mit der Erde verbunden, stark und tief verwurzelt. Dieses Licht kann ebenfalls weiß sein, aber es kann auch jede andere Farbe haben, die dir angenehm ist. Sauge auch diese Energie der Erde wie ein Schwamm in dich auf. Dies ist die andere Quelle des Lebens, der du deine Existenz verdankst. Lass das Licht der Erde deinen ganzen Körper ausfüllen, jede einzelne Zelle, jeden Aspekt deiner Existenz erfrischen und beleben. Lass auch deine Gedanken und Gefühle in dieser Leben spendenden Energie baden...

Und nun sieh ein wunderschönes Bild vor dir, an das du dich immer erinnern kannst, wenn du dich gut ausbalanciert fühlen möchtest. Stell dir vor, dass du eine kostbare Perle bist, die aufgefädelt ist auf diesen beiden Strömen des Lichtes. Du bist ganz sicher gehalten, auf der einen Seite verbunden mit der Sonne und auf der anderen Seite verbunden mit der Erde. Lass dir ein wenig Zeit, um die Energie dieser beiden Ströme zu spüren... Bemerke, wie es sich anfühlt, dass du so sicher mit beiden Quellen des Lebens verbunden bist... Gestatte dir auch, gemischte Gefühle zu bemerken, wenn du solche empfindest. Bemerke einfach, wie du dich fühlst...

Stell dir nun vor, dass du über eine tiefe, unbewusste Weisheit verfügst, die weiß, wie du diese beiden Quellen von Licht und Leben in deinem Alltag nutzen kannst. Es ist nicht notwendig, dass du dir bewusst bist, wie das möglich ist. Es reicht aus, wenn du bemerkst, dass du in deinem Alltag stärker in dir selbst ruhst, wenn du diese Phantasiereise wiederholst. Überlass es deinem Unbewussten, die Kraft des Lichts zu nutzen, und wenn du einen spezifischen Wunsch hast, den dir deine unbewusste Weisheit erfüllen soll, dann kannst du dich mit diesem Teil deiner Seele unterhalten. Es genügt, dass du daran glaubst, dass du tief in dir eine weise Stimme hast.

Und nun kannst du das beruhigende Wissen in deinen Alltag mitnehmen, dass diese beiden Ströme von Licht und Energie jederzeit für dich verfügbar sind. Ganz egal, wo du gerade bist, was du gerade fühlst oder tust, kannst du dich von Erde und Sonne stärken lassen.

Wenn du bereit bist, dann komm mit deiner Aufmerksamkeit hierher zurück... Reck und streck dich ein wenig... Atme einmal tief aus und öffne deine Augen... Sei wieder hier, erfrischt und wach...

Göttliches Licht

★ Manchmal fühlen wir uns leer und erschöpft; wir spüren unsere Unvollkommenheit; wir bemerken, dass wir Suchende sind und dass wir eine Ermutigung brauchen. In dieser Phantasie können wir uns beschenken lassen und an der spirituellen Kraft all derjenigen partizipieren, die auf dem Weg der Erkenntnis schon weitergekommen sind als wir selbst.

Anleitung

Mach es dir auf deinem Stuhl bequem und schließ die Augen. Beginne ruhig und gleichmäßig zu atmen... Bemerke Gedanken und Gefühle, die jetzt vielleicht noch durch deinen Geist ziehen. Lass sie los; lass sie wie Wolken, die am Himmel kommen und gehen, durch dein Bewusstsein treiben...

Stell dir vor, dass du schräg vor dir ein helles Licht bemerkst. Allmählich erkennst du, dass dieses Licht eine Gestalt hat, und du spürst die Gegenwart eines weisen und liebevollen Wesens. Vielleicht ist das für dich ein lächelnder Buddha oder ein christlicher Heiliger, vielleicht ein wichtiger Lehrer, den du gehabt hast, oder ein bestimmter Mensch, der dich bedingungslos geliebt hat...

Stell dir vor, dass Lichtstrahlen vom Herzen dieses Wesens ausgehen, die durch Zeit und Raum eine Verbindung zu anderen erleuchteten Wesen im ganzen Universum herstellen. Stell dir vor, dass diese Lichtstrahlen all die Weisheit, all die Kraft, all die Liebe und allen Segen dieser heiligen Wesen zurückbringen, sodass das Licht, das du vor dir siehst, eine neue Qualität bekommt. Vielleicht wird es intensiver, vielleicht siehst du neue Farbnuancen wie Gold oder eine Spur von Orange... Bemerke, wie dieses leuchtende Wesen dich anschaut, voll Zuwendung und Liebe...

Du fühlst dich von diesem Licht beschenkt, und du musst nichts tun, als dich ein wenig öffnen, damit es in dich hereinströmen kann. Stell dir vor, dass es den Schatten der Unwissenheit vertreibt und dir das Gefühl von Klarheit und Hoffnung gibt...

Nun sieh, wie vom Scheitel dieses liebevollen Wesens ein Strom weißen Lichtes ausgeht, der oben durch deinen Kopf hereinfließt und deinen ganzen Körper anfüllt. Dieses heilsame, weiße Licht kann dich reinigen und alte Gewohnheiten, die dich blockieren, auflösen. Es erfrischt deine Vitalität; es stärkt deine Gesundheit; es heilt deine Wunden; es belebt deine Hoffnung...

Und nun siehst du, wie von den Lippen dieses leuchtenden Wesens strahlend rotes Licht ausgeht und deine eigenen Lippen berührt. Dieses rote Licht reinigt deine Gedanken und Worte, es befreit dich von allen schlechten Angewohnheiten: andere zu verurteilen, zu übertreiben, zu lügen oder gedankenlos zu plappern. Dieses strahlende rote Licht gibt deiner Stimme Kraft, die Wahrheit zu sprechen, Mitgefühl und Liebe auszudrücken...

Nun kannst du sehen, wie vom Herzen dieses leuchtenden Wesens ein Strom blauen Lichtes ausgeht, der in dein eigenes Herz fließt und all deine Unwissenheit und Konfusion in Weisheit und Mitgefühl verwandelt. Du spürst, wie dein Herz weiter wird und wie die Grenzen von Ignoranz, Gier, Hass, Neid und Stolz aufgelöst werden und Platz machen für Weisheit und Liebe. Und du spürst, dass in deinem Herzen etwas aufsteigt, nach dem du dich lange gesehnt hast: die weiße Blüte eines Lotus. Und das Licht wird kleiner und heller und lässt sich dann in dieser Lotusblüte nieder. Es füllt dein ganzes Herz mit strahlendem Licht aus. Du kannst die Präsenz dieses göttlichen Lichtes genießen und dich davon anregen lassen. Wo du gehst und stehst, kannst du etwas von dieser strahlenden Liebe verschenken, wie ein Leuchtfeuer, das mit seinem Licht die Dunkelheit erhellt...

Du darfst darauf hoffen, dass dein eigenes Licht anregend wirkt. Es kann in den Menschen, deren Leben du berührst, ihr eigenes Licht entzünden...

Nimm dieses Geschenk, das du selbst bekommen hast, an und gib es großzügig weiter...

Und nun komm mit deiner Aufmerksamkeit hierher zurück. Reck und streck dich, atme einmal tief aus und öffne deine Augen. Sei wieder hier, erfrischt und wach...

Prana – die kosmische Energie

✦ Die indischen Yogis haben ein schönes Sprichwort: „Leben ist Atem; wer nur halb atmet, der lebt auch nur halb." – Durch bewusstes und gründliches Atmen können wir unsere Lebensqualität und Gesundheit steigern. Und wir können die Wirksamkeit unseres Atems verstärken, wenn wir dabei visualisieren. Im Sommer können wir uns auf das „Prana" konzentrieren, eine kosmische Energie, die im Sonnenlicht enthalten ist und als kleiner Energiefunken sichtbar wird. Besonders gut können wir die kosmische Energie mit unserer Haut aufnehmen, deshalb sollte diese Atemübung an einem warmen, sonnigen Tag im Freien gemacht werden, am besten in einem Park oder an einem ungestörten Platz in der Natur.

Anleitung

Setz dich ins Gras und achte darauf, dass deine Wirbelsäule ganz gerade ist, aber du kannst dich auch im Gras ausstrecken.

Schließ deine Augen und beginne diese Visualisierung, indem du deinen Geist entspannst. Beobachte die Gedanken, die dich beschäftigen. Du kannst dir vorstellen, dass es bunt schillernde Seifenblasen sind, die aus deinem Kopf in die Luft aufsteigen und sanft fortschweben...

Wenn dein Geist zur Ruhe gekommen ist, kannst du dich auf deinen Körper konzentrieren. Spüre die Wärme der Sonnenstrahlen auf deiner Haut. Nun stell dir vor, dass die Luft um dich herum angefüllt ist mit winzigen, weißen Lichtfunken, die das Sonnenlicht begleiten. Du kannst diese besondere Form der kosmischen Energie nutzen, um dich zu stärken. Wenn du einatmest, dann stell dir vor, dass unendlich viele dieser kleinen, funkelnden Lichtpunkte durch die Poren deiner Haut in deinen Körper eindringen und deinen Stoffwechsel anregen. Genauso, wie du mit Mund und Nase atmen kannst, kannst du mit deiner Haut atmen und mit jedem Teil deines Körpers...

Stell dir vor, dass sich dein ganzer Körper mit diesen Lichtfunken anfüllt, bis du überall pulsierende Energie spürst, die die Zellen aller Organe, deiner Knochen, von Nerven und Blutkreislauf erfrischen. Und wenn du an irgendeiner Stelle deines Körpers Müdigkeit spürst, Anspannung oder Unwohlsein, dann kannst du dorthin ganz bewusst kosmische Energie senden. Stell dir vor, dass du in diesen Teil deines Körpers hineinatmest. Die vielen winzigen Prana-Punkte können diesen Teil deines Körpers entspannen und jede Disharmonie wieder ausbalancieren... (2 Minuten)

Und wenn du dazu bereit bist, kannst du nun mit deiner Aufmerksamkeit hierher zurückkommen. Streck beim Einatmen die Arme hoch über den Kopf und senke sie beim Ausatmen im weiten Bogen nach den Seiten. Mach das zwei Mal, bevor du deine Augen öffnest...

ENERGIETRANSFER

✦ Diese Übung bietet uns eine schöne Möglichkeit, Energie auf eine bestimmte Stelle des Körpers zu übertragen, um unser Wohlbefinden dort wiederherzustellen.

ANLEITUNG

Setz dich bequem hin und mach deinen Rücken ganz gerade. Nimm die Schultern etwas zurück, damit du spürst, dass deine Brust offen ist. Stell beide Füße fest auf den Boden und leg deine Hände auf die Knie.

Nun kannst du deine Augen schließen und diese Übung beginnen, indem du ein paar ganz normale Atemzüge machst. Spüre, wie dein Atem kommt und geht und dir hilft, dich ruhig und konzentriert zu fühlen. Dann lege alle zehn Finger leicht auf dein Sonnengeflecht, etwas oberhalb deines Bauchnabels. Wenn du ausatmest, dann mach das ganz gründlich, sodass alle verbrauchte Luft aus deiner Lunge hinausströmen kann...

Und nun atme langsam, tief und sanft weiter. Wenn du einatmest, stell dir die kosmische Energie als ein intensives, weißes Licht vor. Stell dir vor, dass dieses weiße Licht durch deine Nase in deinen Körper strömt, hinab in dein Sonnengeflecht und in deine Fingerspitzen. Dann atme langsam aus, ohne dich anzustrengen. Mach das sechs bis acht Mal...

Überlege dir jetzt, ob es irgendwo in deinem Körper eine Stelle gibt, wo du dich unwohl fühlst, kalt, müde, angespannt, schwach oder irgendwie unbehaglich. Du kannst gleich versuchen, das weiße Licht von deinen Fingerspitzen auf den Teil deines Körpers zu übertragen, der Hilfe und Unterstützung gebrauchen kann. Stell dir vor, dass deine Finger mit diesem weißen Licht angefüllt sind. Und wenn du eingeatmet hast, dann halte deinen Atem einen Augenblick an und lege deine Fingerspitzen auf den Platz, wo du Schmerz oder Unwohlsein empfindest...

Nun kannst du langsam ausatmen und dir vorstellen, dass das weiße Licht aus deinen Fingerspitzen in den Teil deines Körpers fließt, den du dir ausgesucht hast. Wenn du vollständig ausgeatmet hast, dann halte den Atem wieder einen Augenblick an und lege deine Finger erneut auf dein Sonnengeflecht. Atme wieder ein, mach eine Pause und lege deine Fingerspitzen erneut auf die Stelle, die der Heilung bedarf. Beim Ausatmen stell dir wieder vor, dass das heilende, weiße Licht dort aus deinen Fingerspitzen in den Körper strömt. Mach das eine Weile, bis du das Empfinden hast, dass sich das Unwohlsein aufgelöst hat...

Wenn du diese Übung beenden willst, lege deine Hände wieder auf die Knie und atme einmal tief aus... Reck und streck dich dann und öffne die Augen... Sei wieder hier, erfrischt und wach.

Der Tempel

■ Manchmal haben wir den Wunsch und das Bedürfnis, uns tief zu regenerieren. Wir eilen durch unser Leben und werden dabei atemlos. Wir reagieren auf die Anforderungen unseres Alltags und haben das Gefühl, dass wir uns selbst verlieren. Wir sind nicht mehr in der Lage, den Augenblick zu genießen und all die einfachen Dinge, die uns eigentlich Vergnügen bereiten können. Wir werden empfindlicher und gereizter und entwickeln das Bedürfnis, uns emotional abzuschotten, auch gegenüber den Menschen, die uns eigentlich am nächsten stehen...

Diese Phantasiereise stärkt unsere Fähigkeit zur Regeneration, zu innerer Erholung und Konzentration. Wir können dabei unser Alltagsbewusstsein und unser Ego hinter uns zurücklassen und jenen Teil unserer Person wiederentdecken, ohne den wir verkümmern: unser inneres Selbst, unsere Seele.

Anleitung

Setz dich bequem hin und schließ deine Augen... Mach deinen Rücken ganz gerade und stell beide Füße fest auf den Boden... Atme dreimal tief aus und bemerke, wie du mit jedem Atemzug ruhiger und entspannter wirst...

Betrachte die Gedanken, die dir durch den Sinn gehen. Lass sie vorüberziehen, einen nach dem anderen, damit auch dein Geist ruhig und still wird, wie der glatte Spiegel eines Sees, in dem sich der weite Himmel spiegelt...

Und nun richte deine Aufmerksamkeit auf das Chakra deines Herzens. Das liegt ein wenig rechts neben deinem physischen Herzen. Stell dir vor, dass ein goldener Lichtstrahl von diesem Zentrum ausgeht und bis weit ins Universum hineinreicht. Und während du dich auf diesen Strahl goldenen Lichtes konzentrierst, kannst du bemerken, dass das Licht dich wie eine goldene Hülle umgibt, in der du sanft nach oben schwebst, weit hinein in die Unendlichkeit und in den Frieden des Universums...

Wenn du zurückschaust, kannst du unter dir den Planeten Erde sehen, umgeben von einem Kranz aus blauem Licht. Und während du dem Strahl des goldenen Lichtes folgst, führt es dich nach einiger Zeit in ein Tal. Du schaust nach vorn und siehst in der Ferne einen weißen, runden Tempel. Während du auf diesen Tempel zugehst, kommst du an blühenden Büschen und Bäumen vorbei, deren Blüten in allen Farben leuchten. Du siehst friedliche Tiere, die grasen oder miteinander spielen...

Vor dem Tempel kannst du jetzt sieben Stufen erkennen, die zu seinem Eingang hochführen. Steige die sieben Stufen langsam nach oben und geh durch den Eingang in den runden Innenraum. Auf dem Boden kannst du bunte Mosaike sehen, die Wände sind weiß; und die Decke wird von einer Kuppel gebildet, die aus hell schimmernden Kristallen zusammengefügt ist...

In der Mitte des Raumes plätschert eine Quelle, die ihr Wasser in ein achteckiges Becken ergießt, das mit rotem Granit eingefasst ist. Du bist nicht allein. Einige Tempeldiener in gelben und orangefarbenen Gewändern bewachen diesen Platz. Sie laden dich ein, an den Brunnen zu treten und deine Hände in das Wasser zu tauchen... Du spürst, wie deine Hände warm werden und sich entspannt öffnen... Dieses Gefühl ist so angenehm, dass du Lust bekommst, in den Brunnen zu steigen. Du lässt deinen ganzen Körper vom Wasser umspülen, und wenn du willst, kannst du etwas davon mit der Hand schöpfen und trinken...

Du spürst, dass du dich im warmen Wasser der Quelle noch tiefer entspannst. Hier kannst du leicht und befreit atmen. Stück für Stück fällt alles von dir ab, was dich belastet, all deine Sorgen, Unsicherheiten und Ängste. Du hast den Eindruck, dass die Zeit für dich stehen bleibt. Du spürst die Leichtigkeit, mit der du alle Teile deines Körpers bewegen kannst; du spürst deinen Atem und den ruhigen Rhythmus deines Herzens... (1 Minute)

Und nun steigst du langsam aus dem Wasser der Quelle heraus und behältst das Gefühl von Leichtigkeit und innerer Ruhe...

Als du den Tempeldienern dankst, sagen sie dir, dass du wiederkommen kannst, wann immer du das möchtest. Du musst einfach dem goldenen Lichtstrahl folgen, der aus dem Chakra deines Herzens herausstrahlt...

Verabschiede dich und geh dann zurück zum Eingang, wo die Treppe mit den sieben Stufen auf dich wartet. Geh die Stufen langsam hinab in das Tal hinein und lass dich von dem goldenen Lichtstrahl finden, der dich hierher geführt hat. Lass dich von diesem Licht zurückbringen durch das Universum, zurück auf die Erde, zurück in diesen Raum, wo du deine Reise begonnen hast...

Spüre deinen Körper... Spüre deinen Atem... Atme einmal tief aus und sei mit deinem Bewusstsein wieder hier in diesem Raum... Öffne deine Augen und sei wieder hier, erfrischt und wach...

Transformation

Rot ist eine besondere Farbe, es ist die Farbe der Liebe, die Farbe des Blutes und die Farbe der Lebensenergie. Rot und orange leuchtet die flüssige Lava, mit der uns die aktiven Vulkane daran erinnern, dass Rot die erste Farbe der Schöpfung war, als unsere Erde sich als rot glühender Feuerball von der Sonne trennte. Rot assoziieren wir auch mit dem Feuer der Leidenschaft, mit glühender Liebe und mit Vitalität. Und auch Mars, der Kriegsgott und der Planet, ist mit dieser Farbe verbunden, und dasselbe gilt für die Muttergottheit der Hindus, die die Schöpfung verkörpert.

Rot ist auch das Symbol vergossenen Blutes, die Farbe des Opfers, die Farbe der Vendetta. Wenn römische Generäle im Triumphzug in die Stadt zurückkehrten nach der Schlacht, dann wurde ihr Streitwagen von vier weißen Pferden gezogen, aber das Gesicht des Generals war rot geschminkt. Rot ist auch die Farbe des Mutes, der Tapferkeit und der Kampfbereitschaft. Wenn die alten Griechen aus der Ilias rezitierten, dann trugen die Erzähler scharlachrote Gewänder, um die blutigen Schlachten dieser Dichtung zu würdigen.

Wenn wir die Farbe Rot sehen, wird unser Puls schneller. Rot kann uns Mut machen, und mit der Farbe Rot können wir auf uns aufmerksam machen. Rot ist ein großer Stimulator, darum ist auch das Wurzelchakra mit der Farbe Rot verbunden. Wir können die Farbe Rot verwenden, ihre Kraft und Energie, wenn wir Veränderungen in unserem Leben herbeiführen wollen. Rot kann uns dafür den notwendigen Schwung geben.

Anleitung

Setz dich bequem hin und mach deinen Rücken ganz gerade. Stell die Füße fest auf den Boden und beginne, langsam und gleichmäßig zu atmen... (1 Minute)

Wenn dein Atem ruhig und stetig geworden ist, kannst du dir vorstellen, dass du auf einer bequemen Couch liegst, die mit dunkelrotem Samt bezogen ist. Der Stoff fühlt sich ganz weich und kostbar an. Du spürst, wie in deinem Rücken eine Welle der Wärme entsteht – von deinem Becken bis zu deinem Kopf. Und dein Blut verteilt diese Wärme überall in deinem Körper. Mach dir klar, dass diese Wärme jene Lebenskraft ist, die dir die Fähigkeit gibt, unabhängig zu leben, dein eigener Chairman zu sein und deine eigenen Entscheidungen zu treffen.

Die Wände des Zimmers sind mit schweren, roten Tapeten verkleidet, auf denen du kleine, goldene Lilien erkennst. Während du in dieser roten Aura liegst, gestattest du dir, dich daran zu erinnern, welche Rolle die Farbe Rot in deinem Leben gespielt hat. Vielleicht ist es eine Farbe, die du selbst gern trägst; vielleicht fallen dir andere Menschen ein, bei denen die Farbe Rot dich angezogen hat; vielleicht hast du irgendein geliebtes Objekt, dessen Farbe ganz oder teilweise rot ist... Und dann erinnerst du dich daran, dass in alten Zeiten Tiere geopfert wurden, damit ihr Blut auf die Erde floss, um die Fruchtbarkeit des Bodens zu gewährleisten oder zu steigern. Nun gestatte dir, dass du die Fruchtbarkeit spürst, die ein wichtiger Teil deiner eigenen Existenz ist. Spüre deine eigene Sexualität; spüre deinen Willen, deine Lebenskraft, deinen Enthusiasmus; spüre, wie diese rote Energie aus deinem Wurzelchakra an der Basis deiner Wirbelsäule aufsteigt wie ein hellrotes Licht, das durch deinen ganzen Körper hindurchgeht bis zu deinen Augen. Spüre, wie sich dein ganzer Körper mit diesem orangeroten Licht und mit Wärme anfüllt... (30 Sekunden)

Und jedes Mal, wenn du wieder einatmest, dann spürst du, wie diese Lebenskraft auch deine geistige Kreativität beflügelt. Wenn du ausatmest, dann atme Selbstzweifel und Unsicherheit aus, und wenn du einatmest, dann atme Neugier und Unternehmungslust ein. Erinnere dich an die Ziele, die du im Leben verfolgt hast, an deine Visionen und deine Lebensträume. Vielleicht möchtest du dir gestatten, einige dieser Ziele neu zu beleben; vielleicht kannst du in deinem Puls und deinem Herzschlag auch die Energie deiner Kreativität spüren, die dir neue Einsichten gestattet, die dir vielleicht helfen, Probleme zu lösen und neue Wege zu gehen; die dir vielleicht zeigen, wie du Situationen verändern, wie du problematische Beziehungen aus einem neuen Blickwinkel betrachten kannst; und vielleicht spürst du sogar den Mut, dich selbst zu verändern, etwas aufzugeben, was dir nicht mehr nützt, etwas Neues zu wagen.

Was auch immer das Thema ist, die Farbe Rot kann dir die Kraft und die Energie geben zu Veränderungen... (1 Minute)

Während du in der roten Aura deines Zimmers liegst, beginnst du zu träumen... In deinem Traum siehst du einen roten Nebel vor dir. Während du genauer hinsiehst, kannst du immer deutlicher erkennen, dass es sich um den Kokon einer Raupe handelt. In dieser dunkelroten Hülle wartet ein Schmetterling darauf, ans Licht zu kommen...

Du siehst ganz zarte Bewegungen. Wie Seide glänzt die Hülle, die ihr inneres Leben bisher geschützt hat. Und du denkst zurück an Zeiten in deinem Leben, wo du dich auch klein und verletzlich gefühlt hast und zugleich neugierig und erwartungsvoll, weil du an Wendepunkten angelangt warst. In der Sicherheit deines roten Zimmers fallen dir die Gefühle ein, die du hattest, wenn in deinem Leben grundlegende Veränderungen bevorstanden. Wann hast du die letzte bedeutsame Veränderung deiner Existenz erlebt?...

Und nun kannst du sehen, wie die Hülle des Schmetterlings ein wenig nachgibt und aufspringt. Und diese kleine Öffnung wird größer und größer, bis der winzige Kopf des Schmetterlings herausschaut. Lass dir Zeit, der Geburt dieses zarten Wesens zuzuschauen. Bemerke, wie sehr sich der Schmetterling anstrengen muss, um seine neue Freiheit zu erleben, den blauen Himmel, der ihn erwartet. Aber seine schützende Hülle ist wirklich zu eng für ihn, und darum arbeitet der Schmetterling weiter, bis er schließlich die alte Hülle ganz und gar verlassen hat...

Zitternd sitzt der Schmetterling neben seiner alten Behausung. Er wendet den Kopf hin und her und bewegt tastend die Fühler. Dann strömt die Lebenskraft in seine Flügel, und er macht sich fertig für seinen ersten Flug. Kannst du die Farbe der Flügel erkennen, das Muster, ihre Form? Und während du zuschaust, wie der Schmetterling seine Flügel bewegt, siehst du einen Strahl gelbroten Lichtes, der auf ihn fällt. Dieser kleine orangefarbene Lichtblitz gibt dem Schmetterling die Kraft, zum ersten Mal in den Himmel aufzusteigen...

Und nun bemerke deinen warmen Atem und dein warmes Herz, während du erkennst, dass du auch einen solchen Neubeginn realisieren kannst, wenn du das willst. Du darfst dich dazu inspirieren lassen von dem Schmetterling, der sich jetzt erhebt und höher und höher in die blaue Unendlichkeit des Himmels fliegt, auf die er so lange gewartet hat. Spüre, wie sich dein Herz mit staunender Liebe füllt. Du hast eine Verwandlung gesehen und eine Wiedergeburt. Du staunst über die Selbstverständlichkeit, mit der der Schmetterling alles getan hat, was notwendig war. Vielleicht kannst du spüren, dass du in deinem Leben ebenso beschützt bist, wie die kleine Raupe von ihrem Kokon. Auch du hast eine Bestimmung, und du kannst sie Schritt für Schritt deutlicher erkennen...

Und nun bemerke, dass sich die rote Aura, die dich bisher umgeben hat, langsam auflöst und durch ein schützendes, weißes Licht ersetzt wird...

Bemerke, wie sich dein Körper jetzt anfühlt; bemerke, wie du jetzt atmest...

Reck und streck dich ein wenig, atme einmal tief aus und öffne die Augen. Sei mit deinem Bewusstsein wieder hier, erfrischt und wach...

Der Ballon

❈ Hier verwenden wir das symbolische Bild eines roten Ballons, um uns von problematischen Gefühlen wie Ärger, Ressentiments, Rache oder Schuld zu entlasten.

Anleitung

Setz dich bequem hin. Achte darauf, dass dein Rücken ganz gerade ist und dass deine Füße fest auf dem Boden stehen. Atme dreimal tief aus...

Stell dir vor, dass du auf einer Wanderung durch das Gebirge bist. Während du wanderst, kannst du dir gestatten, dich tiefer und tiefer zu entspannen. Vielleicht erlebst du in deiner Umgebung viele anregende Dinge; vielleicht gefallen dir die Farben, die du siehst; vielleicht betrachtest du die großen Bäume, die vor einem dunkelblauen Himmel stehen; vielleicht schaust du den Wolken zu, die wie riesige Federbetten über den Himmel ziehen; vielleicht schaust du auf einen größeren Berg in der Nähe, mit interessanten Felsvorsprüngen, an denen sich hier und da Bergkiefern festklammern; vielleicht genießt du auch die Klänge der Natur, z. B. das Rauschen des Windes in den Bäumen, das Plätschern eines Baches oder den Gesang der Vögel...

Vielleicht bemerkst du die Wärme auf deiner Haut; vielleicht hast du Lust, ab und zu etwas zu berühren, einen schön geformten Stein, eine Bergblume, den Stamm eines Baumes... Und während du weitergehst, lass dir genug Zeit, um alles Schöne und Interessante in deiner Umgebung zu bemerken...

Stell dir nun vor, dass du einen großen Rucksack auf deinem Rücken trägst. Spüre das Gewicht, empfinde, welche Last ein so großer Rucksack ist. Stell dir vor, dass das Gewicht mit jedem Schritt größer wird. In diesem Rucksack sind ganz verschiedene Gegenstände: Objekte, die all die schweren Bürden enthalten, die du auch sonst immer wieder spürst. Zieh beim Gehen Bilanz, mach dir klar, welche emotionalen Bürden du mit dir herumträgst: alter Ärger über die Eltern, Groll gegen deinen Partner, Schuldgefühle wegen einer Scheidung... Finde die Dinge und Gefühle, die dich davon abhalten, dich ausgeglichen und glücklich zu fühlen... (1 Minute)

Jetzt steigst du einen Hügel hinauf. Dabei empfindest du deinen Rucksack als noch schwerer. Aber du spürst, dass du nur noch eine kurze Strecke gehen musst, bis du oben angelangt bist. Oben auf dem Hügel führt der Weg auf eine große, offene Wiese mit duftenden Gebirgskräutern und Wildblumen. Du gehst in die Wiese hinein und bemerkst die Schönheit dieses Platzes. Mitten auf der Wiese entdeckst du einen riesigen, leuchtend roten Ballon. Der Ballon wird von dicken, roten Seilen gehalten, die an großen, eisernen Haken im Boden befestigt sind. Unter dem Ballon befindet sich eine Gondel, die ebenfalls leuchtend rot ist. Geh zu dem Ballon, dann wirst du einen großen Behälter sehen, der auf dem Boden der Gondel steht. Wenn du den Deckel öffnest, wirst du feststellen, dass dieser Behälter leer ist...

Jetzt ist es Zeit, dass du den schweren Rucksack abnimmst und auf den Boden wirfst. Hast du es satt, in deinem Leben die schwere Bürde dieser alten Gefühle herumzutragen, die dich schon so lange plagen?...

Bist du bereit, dich von diesen alten, überflüssigen Gefühlen zu trennen?...

Ich werde dich gleich auffordern, deinen Rucksack zu öffnen. Darin wirst du verschiedene Objekte und Behälter finden, die mit all diesen ungesunden Gefühlen angefüllt sind wie Ärger, Groll, Rachsucht oder Schuld. All das hat dich so lange niedergedrückt...

Öffne jetzt den Rucksack und sieh, was du darin findest... (1 Minute)

Und nun sollst du diese Objekte, eins nach dem anderen, aus dem Rucksack herausnehmen und in dem großen Korb in der Gondel deponieren...

Mach dich ans Werk und nimm alle Gegenstände, einen nach dem anderen, aus dem Rucksack und wirf ihn in den Korb. Gestatte dir, die Erleichterung zu spüren, während du das tust. Du hast den Eindruck, dass du gründlich aufräumst und dich von all den bedrückenden Gefühlen befreist, die du bisher mit dir herumgeschleppt hast. Ruhe und Gelassenheit breiten sich in dir aus. Du spürst wachsende Erleichterung und innere Freiheit mit jedem Objekt, das du in den Korb wirfst. Und wenn du den letzten Gegenstand in den Korb geworfen hast, dann kannst du einmal tief seufzen zur Bekräftigung, dass du nun eine ganz neue Stimmung erleben kannst... (1-2 Minuten)

Und nun verschließe den Korb wieder mit seinem Deckel. Jetzt ist die Zeit für dich gekommen, dass der rote Ballon für dich arbeitet. Finde neben dir ein Messer oder eine Axt, um die Seile zu kappen. Und wenn du das letzte rote Seil gekappt hast, dann kannst du dich auf das frische, grüne Gras setzen und zuschauen, wie der Ballon nach oben steigt, weit hinauf in den blauen Himmel, und wie er den Korb mit sich führt, in dem alle deine übertriebenen Gefühle von Schuld, Ärger, Rache, Gier oder Enttäuschung Platz gefunden haben, die dich bisher niederdrückten. Je höher der rote Ballon in den blauen Himmel steigt, desto leichter kannst du dich selbst fühlen, befreit und fast wie neu geboren, frei von diesen Gefühlen, die jetzt keinen Einfluss mehr haben können – auf deine Gedanken, auf deine Stimmung, auf deine Handlungen. Sieh zu, wie der Wind den Ballon in die Ferne führt, immer weiter weg. Bald wirst du diesen kleinen, roten Punkt überhaupt nicht mehr sehen. Und wenn der Ballon ganz verschwunden ist, hole einmal tief Atem. Dann kannst du deine neue Freiheit in vollem Ausmaß genießen, die Erleichterung und die innere Ruhe, weil all diese Gefühle dich nicht länger plagen können. Das Gefühl der Erleichterung und der Freiheit kann sich in dir ausbreiten – bis in deine Fingerspitzen, bis in deine Zehen. Und du wirst sehr zufrieden sein, wenn du feststellst, dass diese neuen Gefühle – innere Ausgeglichenheit und Kraft – in dir Bestand haben...

Und nun reck und streck dich ein wenig... Bring alles, was für dich wertvoll ist, hierher zurück... Atme einmal tief aus, öffne die Augen und sei wieder hier, erfrischt und wach.

Feuerphantasie

Orange hat weniger Energie als Rot. Es entsteht durch die Mischung von Rot mit Gelb. Orange hat Wärme und Enthusiasmus, aber es verbindet sich auch mit Wissen und Kreativität. Diese Farbe wird dem Chakra zugeordnet, das für unsere Verdauungsorgane zuständig ist. Darum gilt Orange auch als die Farbe unserer physischen Intuition, für Einsichten, die „aus unserem Bauch" kommen.

Orange versetzt uns in die Lage, eine Balance zwischen Körper und Geist herbeizuführen. Es wirkt beruhigend nach einem Schock und einer Traumatisierung und lindernd bei Depression. Man sagt, dass diese Farbe einen heilsamen Einfluss auf Galle und Niere hat und dass sie entspannend auf verkrampfte Muskeln wirkt.

Hier verwenden wir Orange im Rahmen einer Feuer-Phantasie und laden die Teilnehmer ein, Platz für Neues in ihrem Leben zu schaffen.

Anleitung

Setz dich bequem hin und halte deinen Rücken ganz gerade... Stell beide Füße fest auf den Boden und schließ deine Augen... Atme dreimal tief aus...

Stell dir vor, dass du auf einem großen, freien Platz stehst. Vielleicht wählst du eine Lichtung im Wald; vielleicht möchtest du am Strand sein oder auf einem abgeernteten Feld im Herbst. Du stehst vor einem hell brennenden Feuer. Es ist Nacht, und der Himmel ist mit Sternen übersät. An den äußeren Rändern siehst du die orangenen Flammen des Feuers und weiter innen die rote Glut. Bemerke die Wärme, die auf deinen Körper strahlt, und spüre, dass sie dich mit Energie auflädt...

Wenn du das nächste Mal einatmest, dann bemerke, dass das Feuer größer wird. Die Flammen schlagen höher und höher und schicken kleine Lichtblitze nach oben zu den Sternen. In der Stille der Nacht kannst du die Stimme des Feuers besonders gut hören – ein Knacken und Knistern und manchmal ein lauter Knall, wenn ein Holzscheit von der Hitze gespalten wird. In der Luft liegt der würzige Rauch des Holzfeuers, angefüllt mit dem Duft von verschiedenen Harzen – von Kiefer, Wacholder und Buche. Du fühlst dich mit der Natur verbunden, mit all den Generationen, die vor dir am Feuer gestanden haben und sich von seinem orangenen Licht anregen ließen, sich Geschichten zu erzählen und nachzudenken...

Während du tiefer und tiefer in die Mitte des Feuers schaust, spürst du die kreative Intelligenz des Feuers. Du bewunderst seine magische Kraft, die große und kleine, harte und weiche Hölzer in gleicher Weise verbrennt und in weiße Asche verwandelt. Vielleicht denkst du daran, dass du dich manchmal isoliert fühlst, nicht in der Lage, deine eigene tiefste Wärme freizusetzen. Du bewunderst am Feuer, dass es keine Blockaden kennt. Es folgt seinem eigenen Rhythmus, es holt sich den Sauerstoff, den es braucht, und es wird erst aufhören, wenn alles verfügbare Holz zu Asche geworden ist. Und während du zuschaust, wie das Feuer Holz in Wärme, Licht und Asche verwandelt, denkst du an dein eigenes Leben, an Dinge, die du selbst verwandeln und verändern musst. Denke an irgendeinen Lebensbereich, wo du etwas in Ordnung bringen willst. Vielleicht möchtest du eine Gewohnheit verändern oder aufgeben; vielleicht hast du eine Beziehung, die schal geworden ist; vielleicht gibt es ein Problem mit einem Kollegen oder Chef; vielleicht gibt es eine gesundheitliche Herausforderung, die dir Schwierigkeiten bereitet. Wenn du ein Thema gefunden hast, mit dem du dich beschäftigen möchtest, dann betrachte es in aller Ruhe... (1 Minute)

Und nun frage dich, was verändert werden muss. Welches Ergebnis würde dich glücklicher machen?...

Schau weiter in das Feuer und warte ab, ob du irgendwelche Bilder oder Symbole in den Flammen erkennen kannst. Sie können dir helfen, die nächsten Schritte zu tun, um eine Veränderung herbeizuführen... (1 Minute)

Schau weiter in die leuchtende Wärme des Feuers, in die Flammen, die orange, gelb und rot leuchten... Denke daran, dass du alte und überholte Gedanken, Einstellungen und Gewohnheiten in dieses Feuer werfen kannst. Das Feuer wird auch sie zu weißer Asche verbrennen. Wenn du dir noch ein wenig Zeit nimmst, kannst du dieses Feuer als Reinigungsritual benutzen...

Gibt es irgendetwas, was du jetzt schon aufgeben möchtest, um Platz für etwas Neues zu schaffen?...

In der Zukunft werden dir deine Träume und dein Unbewusstes helfen, neue Wege zu gehen, die es dir gestatten, befriedigender zu leben und eine gute Balance zu halten zwischen Körper, Geist und Seele... (1 Minuten)

Und nun überlass das Feuer sich selbst und komm mit deiner Aufmerksamkeit in diesen Raum zurück. Bring das sichere Gefühl mit dir, dass du in der Lage bist, Schwierigkeiten zu lösen und dein Leben zu verändern...

Und nun reck und streck dich ein wenig, atme einmal tief aus... Öffne die Augen und sei wieder hier, erfrischt und wach...

Die Kugel

Die meisten Menschen, die sich die Farbe Blau vorstellen, entwickeln ein Empfinden von Weite und Ewigkeit. Sie sehen einen endlosen Ozean, die Weite des Himmels oder das leuchtende Blau von Saphiren oder Lapislazuli. Blau gibt uns einen Hinweis auf Weisheit, auf göttliche Ewigkeit und menschliche Unsterblichkeit. Für manche bedeutet Blau die Klarheit des Denkens; für die alten Ägypter war Blau die Farbe der Wahrheit. Während Weiß die absolute Wahrheit symbolisiert, die unter Umständen schockiert, bedeutet Himmelblau jene Wahrheit, die sanfter ist, die wir assimilieren können.

Blau ist die Farbe unserer Seele, während Gelb die Farbe unseres Geistes ist. Blau ist auch die Farbe der Liebe, nicht der physischen Leidenschaft, sondern die Farbe von Verständnis und Mitgefühl.

Für die alten Griechen war Blau die Farbe der Himmelsgötter, die Farbe von Zeus und Hera. Gleichzeitig war es die Farbe von Erzengel Michael und von König David. Maria, die Madonna und Himmelskönigin, wurde ebenfalls mit blauen Gewändern gemalt. Ihre Attribute waren Friede, Sicherheit und spirituelle Weisheit. In all diesen Fällen steht Blau für die Verbindung mit dem Himmel und mit der Ewigkeit.

Blau ist auch die Farbe des Chakras der Kehle, das Herz und Geist miteinander verbindet. Wenn wir mit Schüchternheit und mit Nervosität kämpfen, weil wir vor einem größeren Publikum sprechen müssen, dann können uns Visualisierungen von Blau helfen, Sicherheit und Selbstbewusstsein zu gewinnen.

In der folgenden Phantasiereise verwenden wir die Farbe Hellblau, um ein Empfinden von Liebe und Geborgenheit hervorzurufen.

Anleitung

Setz dich bequem hin und schließ deine Augen... Atme dreimal tief aus...

Stell dir vor, dass du dich in einer großen, saphirblauen Kugel befindest. Mach sie so geräumig wie ein Ballon, mit dem die Luftschiffer über den Himmel ziehen. Stell dir das helle Blau eines klaren Tages am Mittelmeer vor...

In diese Kugel kannst du andere einladen, Menschen oder Tiere, die du liebst oder von denen du geliebt wirst – vielleicht deinen Partner, Freunde, einen Nachbarn oder Kollegen oder auch ein Haustier. Stell dir vor, dass sie sich in dieser blauen Sphäre niederlassen, in dieser friedliche Sphäre, umgeben von dem leuchtenden Blau, das uns an die Ewigkeit erinnert. Lass dich von diesem Blau beschützen und mit dir alle, die mit dir in diesem blauen Licht versammelt sind. Dieses Blau akzeptiert nur positive Energie, und es stärkt dein psychisches und physisches Immunsystem... (1 Minute)

Und nun bedanke dich für diesen Schutz. Sieh, wie deine Gäste die blaue Kugel verlassen. Und wenn du bereit bist, kannst du auch selbst aus der Kugel hinausklettern in die Welt deines Alltags...

Diese blaue Kugel steht jederzeit für dich bereit. Du kannst sie jeden Morgen betreten, wenn du den Tag mit Zuversicht und Optimismus beginnen möchtest. Du brauchst dafür nur ein oder zwei Minuten, und du wirst feststellen, dass du dich mit anderen besser verständigen kannst, weil du selbst friedlicher und positiver gestimmt bist...

Und nun reck und streck dich ein wenig und atme einmal tief aus... Öffne die Augen und sei wieder hier, erfrischt und wach...

Die Brücke

Seit langem wissen wir, dass Rot uns stimuliert, dass es den Blutdruck erhöht, während Blau uns beruhigt und den Blutdruck absenkt. Blau ist eine gute Hilfe bei Stress; es hilft uns, ruhig zu werden und einen harmonischen Rhythmus zu finden.

Hier verwenden wir Blau für eine ungewöhnliche Heilungsphantasie.

Anleitung

Setz dich bequem hin und schließ deine Augen... Bitte achte darauf, dass dein Rücken ganz gerade ist und dass beide Füße fest auf dem Boden stehen... Und nun bemerke, wie sich deine Kehle anfühlt. Hast du das Empfinden, dass sie offen ist und entspannt? Atme dreimal tief aus und versuche bei jedem Ausatmen, deine Kehle zu lockern...

Stell dir jetzt vor, dass du vor einer Brücke stehst. Die Brücke ist ganz schmal, so dass gerade eine Person darauf gehen kann. Sie ist aus hellem Holz gezimmert mit einem Geländer an jeder Seite. Und wenn du auf die Brücke schaust, dann kannst du sehen, dass ein breiter Strahl blauen Lichtes darauf fällt. Dort, wo du stehst, ist das Blau ganz dunkel, und am gegenüberliegenden Ende der Brücke ist das Blau ganz hell...

Fang jetzt an, langsam über die Brücke zu gehen. Geh durch das blaue Licht mit seinen unendlich vielen Schattierungen. Atme die kleinen, blauen Lichtpunkte ein und lass sie deinen ganzen Körper anfüllen. Lass dich mit Entspannung, Ruhe und innerer Ausgeglichenheit beschenken. Kannst du spüren, welche Auswirkungen die verschiedenen Blautöne auf dich haben? Die dunkleren Farben können deinem physischen Körper wohltun, während die hellen Blautöne dich emotional und mental ansprechen...

Du kommst nun an das Ende der Brücke und siehst, dass dort zwei Wesen auf dich warten, von denen ein starkes, weißes Licht ausgeht. Du kannst nicht genau sagen, ob es sich um Schutzengel handelt, gute Feen oder um andere Wesen, deren Existenz wir nur mit dem Herzen erkennen können. Diese Wesen stellen sich dir vor. Ihre Aufgabe ist es, das Leid der Menschen zu lindern und für Harmonie und Frieden zu sorgen. Sie laden dich ein, auf einem Stuhl Platz zu nehmen, und sie setzen sich selbst auf zwei Stühle, links und rechts neben dich. Du spürst, dass du ihnen erzählen kannst, welche Sorgen oder Probleme du mit deinem physischen Körper hast... Nachdem sie dich gehört haben, legen sie ihre Hände dorthin, wo du Unbehagen, Schmerzen oder Anspannung empfindest...

Diese Berührung tut dir wohl, und mit geschlossenen Augen spürst du, wie die Wärme ihrer Hände sich in deinem Körper ausbreitet. Du spürst eine Wärme, die Schmerz und Disharmonie abklingen lässt... (30 Sekunden)

Und nun bemerkst du, dass dein Körper durchsichtig wird. Du kannst die unerwünschten Energien sehen, die zu deinen Schwierigkeiten beigetragen haben, und du kannst bemerken, wie sie sich auflösen... (1 Minute)

Nun haben diese beiden Wesen aus Licht ihre Arbeit beendet. Sie nehmen ihre Hände zurück. Die angenehme Wärme und das Empfinden von Gesundheit bleiben dir erhalten...

Du stehst auf und dankst den beiden...

Und nun gehst du wieder über die Brücke zurück. Und wenn du an dem Punkt angekommen bist, von dem du vorhin losgegangen warst, dann bist du in ein tiefes, dunkles Blau eingehüllt...

Jetzt atme etwas tiefer und intensiver und bemerke, wie sich dein physischer Körper anfühlt...

Reck und streck dich ein wenig und öffne deine Augen... Sei wieder hier, erfrischt und wach...

Die Leichtigkeit des Seins

Türkisfarbene Steine werden seit vielen Tausend Jahren geschätzt. Bei den amerikanischen Ureinwohnern ebenso wie bei Tibetern und Persern, denn sie verkörpern die Farben von Himmel und Erde – Blau und Grün. Sie verbinden die Spiritualität des Himmels mit der Vitalität des Bodens.

Mit Hilfe der Farbe Türkis können wir unser Immunsystem stärken, Entzündungen und Infektionen positiv beeinflussen.

In der nächsten Phantasiereise verwenden wir diese Farbe, um das Wohlbefinden der Teilnehmer zu stärken. Diese sollten während der Phantasiereise flach auf dem Boden liegen.

Anleitung

Leg dich bitte flach auf den Boden und zieh deine Schuhe aus... Schließ die Augen und spüre in deinen Körper hinein. Spüre das Gewicht deines Körpers und bemerke, wo du Kontakt mit dem Boden hast. Achte auf deinen Atem und genieße, dass du an einem sicheren, friedlichen Platz liegst... Und nun kannst du dein Gewicht dem Boden unter dir noch weiter überlassen und etwas in den Boden einsinken...

Stell dir beim Einatmen vor, dass du in reinem, weißem Sand liegst. Der feine Sand passt sich deinem Körper perfekt an, sodass alle Körperteile ganz sicher gehalten werden und Stress und Anspannung vollständig hinausfließen können. Und wenn du jetzt in der Vorstellung deine Augen öffnest, siehst du, dass du an einem einsamen Strand liegst, in der Nähe des unendlichen Ozeans, dessen Wasser türkisfarben leuchtet. Ganz in deiner Nähe liegt ein hellblauer Mantel im Sand und ein goldenes Amulett an einer Halskette. Beide können dir Schutz und Erleuchtung bei dieser Phantasiereise bieten. Entscheide selbst, ob du etwas davon auf deiner Reise tragen möchtest...

Ein leichter Wind sorgt dafür, dass die Lufttemperatur genau richtig ist für dich. Du schaust hinaus auf das Wasser, das sich unübersehbar weit bis zum Horizont ausdehnt. Lass dich von der Musik des Wassers grüßen. Vielleicht hörst du das Plätschern der kleinen Wellen, die gegen den Strand schlagen; vielleicht hörst du die Rufe der Möwen oder ab und zu das Signal eines großen Schiffes, das in der Ferne vorbeizieht... (1 Minute)

Spüre auch den frischen Duft des Wassers. Atme die ionisierte Luft ein, die dir neue Kraft geben kann...

An diesem sicheren Ort siehst du das riesige Himmelsgewölbe über dir, das sich mit der Unendlichkeit des Kosmos verbindet. Ein grenzenloses Universum bedeckt und beschützt dich...

Und während du in den Himmel blickst, spürst du, wie du emporgehoben wirst. Ganz ohne Anstrengung oder Furcht schwebst du in das Geheimnis der wolkenlosen, blauen Unendlichkeit. Spüre, wie Strahlen blauen Lichtes deinen Körper durchdringen und reinigen. Spüre wie zarte, türkisfarbene Strahlen dein Immunsystem anregen...

Während du durch das Blau des Himmels schwebst, hast du das sichere Wissen, dass dieser Flug dir zum Besten gereicht. Aus dieser Höhe siehst du das Leben auf der Erde aus einer anderen Perspektive. Du wirst unempfindlicher und toleranter im Blick auf die Unfreundlichkeit anderer Menschen. Ströme blauen Lichts halten dich. Du kannst weit sehen in Zeit und Raum... Wenn du einatmest, dann atme türkisfarbenes Licht ein, das dich vor Entzündungen schützt, und wenn du ausatmest, gib deinem Atem die Farbe orange...

Eingehüllt in das blaue Licht der Unendlichkeit hast du Zugang zum Wissen des Himmels und den Geheimnissen der Meere. Du fühlst dich ganz ruhig. Probleme, mit denen du vielleicht kämpfst, werden jetzt relativiert. Sie haben nicht mehr die Macht, dir Angst einzujagen. Hier oben kannst du deine Sorgen gegen die Leichtigkeit des Seins eintauschen. Du weißt, dass deine Ängste nur aus Gedanken bestehen, und du siehst jetzt, wie sie sich in der blauen Unendlichkeit auflösen... (1 Minute)

Lass dich nun von dem türkisfarbenen Licht auf die Erde zurückbringen. Sei wieder an dem Platz, wo deine Reise anfing und lege den blauen Bademantel oder das goldene Amulett wieder dahin, wo du es gefunden hast. Wenn du auf diese Dinge später wieder zurückgreifen möchtest, kannst du sie hier finden. Sie sind immer für dich da...

Jetzt ist es Zeit, dass du mit deiner Aufmerksamkeit hierher zurückkehrst. Bring die heilende, blaue Weisheit mit dir... Reck und streck dich ein wenig und atme einmal tief aus... Öffne die Augen und sei wieder hier, erfrischt und wach...

DIE VIER JAHRESZEITEN

✦ Grün besteht aus der Mischung von Blau und Gelb. Grün ist weder eine heiße noch eine kalte Farbe. Es ist weder passiv noch aktiv. Darum kann Grün unsere negativen und positiven Empfindungen ausgleichen und Körper, Geist und Seele wohltun. Wenn wir Grün in unseren Visualisierungen verwenden, dann regt das unser seelisches Wachstum und unsere Liebesfähigkeit an. Grün ist die Farbe der Göttin Venus und die Farbe der fruchtbaren Natur. Sie gibt uns Hoffnung und Erholung nach überwundenen Schwierigkeiten, und sie regt unsere Lebenskraft neu an.

Grün symbolisiert die Natur, aus der wir hervorgegangen sind. Im alten Ägypten war Grün die Farbe des Gottes Osiris, der die Vegetation hütete. Und die Böden der Tempel legte man mit grünen Steinen aus, um die Fruchtbarkeit des Niltales zu beschwören. Der Frühling sollte zurückkehren und mit ihm die Nilfluten, die Voraussetzung für die nächste Ernte. Und unser eigener westeuropäischer Tannenbaum symbolisiert mit seinen grünen Nadeln die Hoffnung, dass nach der dunkelsten und kältesten Zeit des Jahres im Frühling neues Leben kommen wird.

Schließlich ist Grün die Farbe des Herzchakras. Die Farbe symbolisiert natürliches Wachstum und eine Liebe, die gibt und keine Bedingungen stellt. Hier beginnt unser spiritueller Weg; hier verbindet sich unsere menschliche Dimension mit der göttlichen, mit dem Universum, mit Gaia.

In der folgenden Phantasiereise führen wir die Teilnehmer durch den großen Zyklus der vier Jahreszeiten und den Rhythmus des Werdens und Vergehens. Sie ist eine Einladung, die eigene seelische Entwicklung zuzulassen.

ANLEITUNG

Setz dich bequem hin und schließ deine Augen. Mach deinen Rücken ganz gerade und stell beide Füße fest auf den Boden... Stell dir beim Einatmen vor, dass du nicht nur Sauerstoff einatmest, sondern helles Licht, das ein Geschenk der Natur an dich ist. Die Natur ist immer für dich da, damit du wachsen und dich erneuern kannst. Wenn du ausatmest, dann atme alles aus, was verbraucht ist, überflüssig, Müdigkeit und Anspannung...

Auf dieser Phantasiereise kannst du deine eigene Wärme spüren und die Kraft des Lebens.

Geh in der Phantasie irgendwo aufs Land, wo du Wälder und Felder findest, Wiesen und Obstgärten in einem angenehmen Klima...

Du siehst goldene Felder mit Weizen, Hafer oder Roggen vor dir, an deren Rändern dunkelblaue Kornblumen, roter Klatschmohn und grüne Ackerkräuter leuchten, in denen die jungen Hasen zu Hause sind.

Du gehst einen Weg entlang und kommst in einen Obstgarten. Dort siehst du große, alte Kirschbäume, in deren blaugrünem Laub purpurrote Kirschen funkeln. Dazwischen findest du Beete mit Erdbeerpflanzen, über und über besät mit hellroten Früchten, Sträucher mit karmesinroten Johannisbeeren. Hier bist du willkommen. Du kannst dich bei diesen Früchten bedienen. Pflück dir einige Kirschen. Spüre die reife Süße und die Reinheit dieser Früchte, wenn du darauf beißt. Wenn du willst, kannst du auch von den Erdbeeren und Johannisbeeren probieren... Genieße die Wärme dieses Tages, den wolkenlosen Himmel, und genieße diese Zeit, in der die Natur uns zeigt, was sie alles hervorbringen kann...

Stell dir vor, dass ein paar Monate vergangen sind und dass es Herbst wird. Die Wälder leuchten rot, orangefarben und golden. Die Äste der wilden Apfelbäume an den Landstraßen hängen tief herab unter dem Gewicht rotbackiger Äpfel, und in den Weingärten warten schwere, violette Trauben darauf geerntet zu werden. Welche Empfindungen hast du in dieser Jahreszeit? Wie fühlst du dich, wenn die Ernte eingebracht wird, wenn die Früchte der Felder eingesammelt werden? Denke einen Augenblick an dein eigenes Leben und an die Ernte, die du im Augenblick einfahren kannst. Hast du den Eindruck, dass du die Früchte von all dem ernten kannst, was du gesät hast? Oder hättest du mehr oder etwas anderes säen sollen? Kannst du ernten, was du brauchst bzw. was gut für dich ist?... (1 Minute)

Richte dann deine Aufmerksamkeit wieder auf die Früchte der Erde, die vor dem Winter eingebracht werden müssen. Lass dir Zeit, den Zauber dieser Jahreszeit zu genießen – die frisch gepflügten, braunen Felder, den hellblauen Herbsthimmel, in dem immer noch die Lerchen singen, und erlebe bewusst deinen Platz darin. Kannst du spüren, dass du ein Kind des Universums bist und dass du Anteil hast an den Früchten der Erde?...

Geh in deiner Phantasie wieder ein paar Monate weiter und lass es Winter werden – ein Winterabend. Am schwarzblauen Himmel siehst du Sterne. In dieser wolkenlosen Nacht fällt ihr Licht auf die Erde, die jetzt schläft und neue Kraft schöpft. Eine schützende Schneedecke bedeckt die Natur, und Teiche und Seen sind zugefroren. Berühre den Schnee und sieh das Funkeln der Eiskristalle. Unter dem Schnee schlummert das Leben. Tief im Boden liegen so viele Samen, die jetzt noch unsichtbar sind und sich ausruhen, um dann im Frühling neues Leben zu bringen. Jetzt muss die Energie aufgespart werden. Sie liegt in der schützenden Erde und wartet ab. Denk wieder über dein eigenes Leben nach: Hältst du auch ab und zu inne und nimmst dir Zeit, um neue Kraft zu schöpfen? Und wenn alles abgeschlossen und tot erscheint, kannst du dann spüren, dass das Neue schon wartet? Wie siehst du dein eigenes Leben? Gibt es in deinem eigenen Leben Zeiten, wo es genau richtig ist, stillzuhalten und zu warten? Gestattest du der Saat, die in dir selbst liegt, dass sie ruht und Kraft schöpft, ehe das Wachstum beginnt? Auch du bist ein Kind der Natur, und ihre Ruhezyklen sind auch für dich bestimmt... (1 Minute)

Geh wieder ein paar Monate weiter und lass es Frühling werden... Sei wieder dort auf dem Lande, wo du im Sommer warst, und sieh, wie die Natur ihre neuen Kleider anlegt. Überall siehst du hellgrüne Knospen an den Zweigen der Bäume, die von ihrem Schlaf aufgewacht sind und nun einen neuen Lebensabschnitt beginnen. Unter deinen Füßen siehst du die zarten Halme von Gras und Kräutern, die sich der Sonne entgegenstrecken, die die

Erde erwärmt und zum Wachstum einlädt. Kälte und Schnee sind verschwunden, und überall siehst du neues Leben. Auch Tiere und Vögel beginnen das Frühjahr mit neuem Schwung. Hier und da hörst du das hungrige Geschrei der ersten Jungvögel, die unermesslichen Appetit haben. Die Luft ist voller Gerüche, und alles ist in Bewegung. Nach der Zeit der Winterruhe beginnt die Jahreszeit der Wiedergeburt...

Geh mit deiner Aufmerksamkeit zu deinem eigenen Leben und betrachte die einzelnen Lebensphasen. In welcher Lebensphase bist du jetzt? Wie drückst du das Wachstum in deinem Leben jetzt aus? Fühlst du dich mit den Rhythmen der Natur verbunden? Pflegst du dein Potenzial für Entwicklung und Veränderung? Du bist ein Kind der Natur, und der Zyklus deines eigenen Lebens ist genauso wichtig wie der Lebenszyklus von Tieren und Pflanzen... (1 Minute)

Denke darüber nach, wie du für dich selbst sorgen kannst, damit dein Leben fruchtbar ist. Was in deinem Leben ist alt und abgestorben? Was ist neu und lebendig?

Gib dir ab und zu Gelegenheit, die Jahreszeiten der Natur auf dich wirken zu lassen...

Nun komm mit deiner Aufmerksamkeit hierher zurück... Atme einmal tief aus, öffne deine Augen und sei wieder hier, erfrischt und wach...

Der Wasserfall

Grün liegt genau in der Mitte des Farbspektrums und bildet eine Brücke zwischen den warmen und den kalten Farben. Es ist die Farbe innerer Balance, die Farbe der Harmonie und des Mitgefühls. Grün kann die verschiedenen Aspekte unserer Persönlichkeit verbinden: Körper, Geist und Seele und darüber hinaus die rechte und die linke Hemisphäre unseres Gehirns. Grün hat antiseptische Eigenschaften und es kann Infektionen verhindern.

In dieser Phantasie lassen wir uns von der Farbe Grün helfen, unsere Abwehrkräfte und unsere Vitalität zu stärken.

Anleitung

Setz dich bequem hin und schließ deine Augen. Mach deinen Rücken ganz gerade und stell beide Füße fest auf den Boden. Atme dreimal tief aus...

Stell dir vor, dass es ein warmer Nachmittag im Frühling ist. Du machst eine Wanderung draußen auf dem Land. Die Bäume, an denen du vorbeikommst, entfalten ihr neues Blätterkleid und zeigen dir verschiedene Schattierungen von zartem Hellgrün...

Das Gras unter deinen Füßen ist noch ganz weich. Es ist von pastellfarbenem Grün, das erst im Sommer dunkler sein wird. Du hast das Gefühl, auf einem weichen Teppich zu gehen...

Du kannst nur die Stimmen der Natur hören. Eine sanfte Brise flüstert in den Bäumen, und über dir hörst du den Gesang der ersten Lerchen. Du spürst die Wärme der Sonne auf deinem Körper, und alle diese Eindrücke geben dir das Gefühl von Ruhe und Lebensfreude. Du folgst einem schmalen Weg, der um verschiedene Baumgruppen herumführt und hörst immer deutlicher das Plätschern von Wasser. Zuerst ist die Stimme des Wassers kaum zu hören, aber mit jedem Schritt, den du auf deinem Weg machst, wird sie lauter und lauter. Und schließlich erkennst du, woher das laute Rauschen kommt, das du jetzt hörst. Du stehst vor einem herabstürzenden Wasserfall, dessen Fluten sich in einen Bach ergießen, der plätschernd durch die Felder fließt...

Du gehst näher an den Wasserfall heran und erkennst, dass der Fels hinter dem Wasservorhang etwas zurückweicht, sodass es einen schmalen, trockenen Sims hinter dem Wasserfall gibt. Du entschließt dich, noch näher an den Wasserfall heranzugehen und diesen Sims zu betreten. Als du hinter dem herabstürzenden Wasser stehst, nimmt das Getöse des Wasserfalls ab. Das Licht, das von den grünen Bäumen und den grünen Wiesen reflektiert wird, durchdringt das Wasser und schafft hinter dem Wasserfall eine hellgrüne Aura. Du lässt diese Aura überall in deine Haut eindringen, und mit jedem Atemzug saugst du das grüne Licht tief in dich ein, wie ein Schwamm. Mit jedem Atemzug kannst du spüren, dass dieses Grün die Kraft hat, alle Giftstoffe aus deinem Körper herauszuwaschen, alle Verspannungen und alles Unwohlsein. Du spürst ein Kribbeln von frischer Energie überall in deinem Körper... Das Wasser bildet einen Schutzschild, und das grüne Licht regt dich zum Nachdenken an... Das Wasser findet immer mit nachtwandlerischer Sicherheit seinen Weg. Unwillkürlich denkst du an deinen eigenen Lebensweg. Hast du das Gefühl, dass du im Augenblick auf dem richtigen Weg bist?... Wohin soll dein Weg führen?... Gibt es im Augenblick Hindernisse und Schwierigkeiten auf deinem Weg?... Du kannst darauf vertrauen, dass du Antworten auf die Fragen findest, wenn der richtige Zeitpunkt dafür gekommen ist... (1 Minute)

Wenn du dazu bereit bist, kannst du aus diesem grünen Licht wieder hinaustreten und deinen Platz unter dem Wasserfall verlassen...

Spüre deinen Körper wieder. Reck und streck dich und atme einmal tief aus... Behalte von dieser Phantasiereise alles, was für dich wertvoll ist und öffne dann die Augen... Sei wieder hier, erfrischt und wach...

Zu neuen Ufern

Gelb gehört zu den Farben mit der höchsten Lichtintensität. Es ist die Farbe der Sonne und symbolisiert das Sonnenlicht. In übertragenem Sinne steht das gelbe Licht auch für die göttliche Liebe, die den menschlichen Geist erleuchtet. In China war Gelb die Farbe des Kaisers.

Gelb ist das leuchtende Licht der Klarheit, die Farbe des Lernens, der Intuition. Gelb hilft uns, Konflikten auf die Spur zu kommen und Rätsel und Geheimnisse zu lösen. Es kann die Dunkelheit des Unwissens durchdringen und die Suche nach Wahrheit begünstigen.

Gelb ist das Symbol des Geistes, des Intellekts, der Weisheit und der Problemlösung. Es soll unsere Nerven und unsere geistigen Fähigkeiten stärken. Es macht uns Mut, klar zu denken.

Die Farbe des Buddha ist Gelb oder Gold. Buddha trug gelbe Gewänder, wenn er sich mit den schwierigeren Problemen der menschlichen Existenz auseinandersetzte.

Allerdings hat Gelb auch negative Aspekte. Es kann auf Verrat, Täuschung und Feigheit anspielen. Es kann Eifersucht, Misstrauen und Furcht signalisieren. Gelb ist die Farbe von Übergängen. Gelbes Verkehrslicht macht uns aufmerksam auf einen bevorstehenden Wechsel zwischen Stop und Go. Die gelbe Farbe zeigt Quarantäne und Isolation an, aber Gelb verbindet auch. Es verbindet uns mit Kollegen, mit Mitstreitern und mit unseren Lehrern.

In der Antike war Gelb die Farbe der Göttin Athene, die Weisheit, Kunst und Lernen förderte. Athene trug als Zeichen ihrer Weisheit goldene Gewänder.

Gelb ist die Farbe für das Chakra unseres Sonnengeflechtes. Durch das Sonnengeflecht können wir uns mit Energie versorgen und diese an unsere anderen Energiezentren weitergeben. Dieses Chakra ist die Quelle von Kreativität, Wohlbefinden und Vergnügen. Es ist unsere Sonne, das „Feuer im Bauch" und unsere seelische Energiequelle. Gleichzeitig ist es das Zentrum unseres Selbstwertgefühls. Auf der körperlichen Ebene unterstützt dieses Zentrum unseren Stoffwechsel und unsere Verdauungsfunktionen. Es kann uns helfen, überflüssiges Kalzium abzubauen, um die Bildung von Steinen in Galle oder Niere zu vermeiden.

Die Farbe Gelb unterstützt unseren Organismus dabei, Giftstoffe und alles Überflüssige auszuscheiden. Wenn wir uns müde fühlen, kann Gelb helfen, uns mit frischer Kraft zu versorgen. Um uns zu erfrischen, können wir uns z. B. vorstellen, gelbes Sonnenlicht einzuatmen.

Mit der folgenden Phantasiereise können wir uns innere Sicherheit verschaffen. Sie hilft uns, die wertvolle Überzeugung zu kultivieren, dass wir alles haben, was wir brauchen, und dass wir alles, was uns fehlt, auf unserem Lebensweg bekommen werden. So kann unser Optimismus und unser Vertrauen zum Leben wachsen.

Anleitung

Setz dich bequem hin und schließ die Augen. Mach deinen Rücken ganz gerade und stell die Füße fest auf den Boden. Beginne, tief und gleichmäßig zu atmen und bemerke, wie du mit jedem Atemzug entspannter und ruhiger wirst...

Stell dir vor, dass du diesen Raum verlässt und auf einer kleinen Lichtung im Wald bist, durch die ein Fluss fließt. Spüre das weiche Gras unter deinen Füßen... Nimm den Duft der Bäume auf, durch deren Zweige das gelbe Sonnenlicht auf deine Waldwiese fällt... Vielleicht riechst du auch den Duft von Harz, von Moos, von Waldblumen und von feuchtem Humus...

Such dir auf deiner Lichtung einen Platz, wo du dich bequem hinsetzen kannst. Wenn du dich niedergelassen hast, schau auf den Fluss. Betrachte ihn ganz aufmerksam. Fließt das Wasser schnell und strudelnd oder eher sanft und still? Kannst du irgendwelche Lebewesen im Wasser erkennen? Ist das Wasser trübe oder klar? Folge mit deinen Blicken dem strömenden Wasser und bemerke die vielen Veränderungen, die von Augenblick zu Augenblick stattfinden...

Was empfindest du, während du auf das Wasser schaust? Fühlst du dich sicher? Bist du nervös oder etwas ängstlich? Sieht das Wasser einladend aus?...

Würdest du gern in das Wasser hineingehen, darin schwimmen oder dich davontragen lassen?...

Während du so dasitzt, achte bitte auch auf die Geräusche und Töne in deiner Umgebung. Kannst du die Stimmen von Vögeln hören oder das Rascheln der Blätter? Spüre, wie die Wärme der Sonne in deinen Nacken und in deine Schultern strömt...

Jetzt beschließt du, den Fluss zu überqueren. Geh ans Ufer und schau dich um. Siehst du irgendeine Stelle, wo das möglich scheint? Vielleicht siehst du eine Brücke, vielleicht entdeckst du ein Boot. Wenn du willst, kannst du eine Stelle finden, wo du hindurchwaten oder -schwimmen kannst. Such dir das aus, was dir am besten gefällt. Du hast das Wissen, die richtige Wahl zu treffen. Denke daran, dass du auch jederzeit beschließen kannst, zu bleiben, wo du bist, wenn du spürst, dass ein Vorschlag nicht geeignet für dich ist...

Bemerke, während du den Fluss überquerst, wie tief er ist. Wie empfindest du die Tiefe des Wassers? Gibt es jemanden, der dir bei der Durchquerung helfen könnte? Hättest du jetzt gern etwas Unterstützung? Oder bist du dir ganz sicher, dass du deinen Entschluss auch allein umsetzen kannst? Spüre das Wasser auf deiner Haut, und wenn du willst, probiere seinen Geschmack auf der Zunge...

Wenn du auf der anderen Seite angekommen bist, kannst du dir eine Pause gönnen. Wie sieht es am anderen Ufer aus? Gibt es hier etwas Ungewöhnliches? Kannst du Menschen entdecken, Tiere, Pflanzen oder irgendwelche ungewöhnlichen Objekte oder Lebewesen? Ist es hier anders als auf der sonnenbeschienenen Lichtung, die du verlassen hast?...

Bemerke alles, was du siehst und hörst, und bewahre es in deinem Gedächtnis auf...

Jetzt entdeckst du ein Gebäude, das vom Licht der Sonne überflutet ist. An einigen Stellen leuchtet es im hellen Gelb von Frühlingsblumen, an anderen Stellen strahlt es in intensivem Safrangelb...

Dieses Gebäude hat eine besondere Bedeutung für dich, darum entschließt du dich, darauf zuzugehen. Spüre den Boden unter deinen Füßen. Bemerke alle Empfindungen auf deiner Haut und öffne alle Sinne, während du auf das Gebäude zugehst. Spüre deine Neugier. Spüre, wie dein ganzer Körper wach und aufmerksam ist. Und wenn du dicht genug herangekommen bist, dann betrachte das Gebäude: Woraus ist es erbaut? Hat es ein Dach? Wie sehen die Wände aus? Gibt es irgendetwas Besonderes an diesem Gebäude? Du erkennst einen schmalen Eingang, und du spürst, dass du das Recht hast hineinzugehen. Du wirst erwartet und bist willkommen. Hier wirst du wichtiges Wissen gewinnen...

Während du auf den Eingang zugehst, siehst du, dass die Tür offen steht. Du ahnst, dass jemand im Inneren auf dich wartet. Das kann jemand sein, den du kennst, aber es kann auch ein Mensch aus einer anderen Zeit sein, jemand, den du nicht leicht identifizieren kannst. Schau, wie diese Person aussieht und wie sie gekleidet ist...

Die Person hat ein Geschenk für dich, das dir auf deinem Weg durchs Leben helfen kann. Sie hat auf dich gewartet, und jetzt kannst du in ihre Augen schauen. Welche Botschaft bekommst du? Was sagen diese Augen? Wie kann diese Botschaft dir auf deinem Lebensweg helfen?...

Du gehst weiter auf die Person zu, die dich erwartet und die ein Geschenk für dich hat, und du weißt jetzt, dass du etwas bekommst, das nur für dich bestimmt ist. Du spürst deine Erwartung, du bist wach und voller Energie und Neugier...

Nimm nun das Geschenk und untersuche es. Ist es irgendwie verpackt? Und wenn ja, wie ist es verpackt? Welche Farbe hat die Verpackung? Jetzt hältst du dein Geschenk in Händen. Betrachte es sorgfältig. Was siehst du? Ist es etwas, was du dir immer schon gewünscht hast? Sagt die Person irgendetwas zu dir?...

Vielleicht erscheint dir diese Gabe nicht als Geschenk. Vielleicht erscheint sie dir als etwas ganz Gewöhnliches... Was immer du bekommen hast, es hat eine wichtige Bedeutung für dich. Später kannst du gründlicher darüber nachdenken. Halte dein Geschenk im Augenblick einfach in den Händen und bedanke dich dafür. Möchtest du irgendwelche Fragen stellen? Wenn du irgendetwas sagen möchtest, dann tu es jetzt, weil du gleich den Rückweg antreten wirst...

Nun musst du entscheiden, ob du dein Geschenk mitnehmen willst oder ob du es dort lassen möchtest. Wenn du es zurücklassen willst, dann lege es an eine Stelle, die dir passend erscheint...

Jetzt, wo du dieses Gebäude gefunden hast, kannst du immer wieder in deiner Phantasie dorthin zurückkehren. Jenseits des Flusses wird immer dieser besondere Platz mit einem Geschenk auf dich warten. Jederzeit kannst du in deiner Phantasie dort hingehen. Entscheide dich jetzt, ob du das Geschenk mitnehmen oder dalassen willst...

Und nun musst du dich verabschieden. Schau dich noch einmal um und mach dich dann auf den Rückweg. Geh wieder durch die Tür und zum Fluss zurück. Bemerke den Boden unter deinen Füßen, die Luft und die Sonne auf deiner Haut...

Vor dir kannst du jetzt den Fluss sehen, der darauf wartet, dass du ihn wieder überquerst. Kehre zurück an das andere Ufer, zurück auf deinen Platz auf der kleinen Lichtung. Wenn du dort angekommen bist, setz dich hin und nimm dir Zeit, um nachzudenken, in der Ruhe und der warmen Sicherheit dieses Platzes. Denke zurück an die Reise, die du gerade gemacht hast, an das Geschenk, das du bekommen hast, und an die ungewöhnlichen Dinge, die du vielleicht erlebt hast. Bemerke, dass du alle deine Erlebnisse deiner Neugier verdankst und deiner Bereitschaft, das Unbekannte zu erforschen... (1 Minute)

Genieße noch einen Augenblick das warme, gelbe Sonnenlicht, das dir Sicherheit gibt und frische Energie.

Und nun kehre von deiner Lichtung hierher zurück. Spüre deinen Körper... Spüre die Temperatur dieses Raumes und die Geräusche, die hier zu hören sind... Reck und streck dich ein wenig und atme einmal tief aus... Öffne die Augen und entspanne dich noch einmal... Nimm dir noch ein oder zwei Minuten Zeit, um über diese Reise nachzudenken... Bemerke, wie du dich jetzt fühlst und was du über die Ereignisse während dieser Reise denkst...

SONNENGEFLECHT

Angst, Unsicherheit und Stress führen oft dazu, dass wir flach atmen, um so diese unangenehmen Gefühle nicht so deutlich bemerken zu müssen. Gleichzeitig spannen wir die Muskulatur unserer Bauchdecke an und blockieren auf diese Weise das Energiezentrum unseres Sonnengeflechts. Die folgende Phantasie kann uns helfen, das Chakra des Solarplexus zu öffnen. Wir können dazu die Wärme und Energie der Farbe Gelb verwenden, damit wir uns in diesem wichtigen Energiezentrum wieder zu Hause fühlen.

ANLEITUNG

Setz dich bequem hin und schließ die Augen... Mach deinen Rücken gerade und stell die Füße fest auf den Boden...

Wenn du einatmest, dann stell dir vor, dass du warmes, gelbes Licht einatmest. Stell dir auf deinem Bauch, kurz über deinem Nabel, einen kleinen Kreis vor, der in den Farben Gelb und Orange leuchtet. Stell dir vor, dass du durch diesen Kreis einatmest, und mit jedem Atemzug strahlen die Farben Gelb und Orange intensiver...

Das warme Gelb auf deinem Bauch gibt dir Energie, und diese Kraft hilft dir dabei, dich selbst mehr zu lieben und deinen eigenen Wert stärker zu empfinden.

Vielleicht ist in der Vergangenheit dein Selbstwertgefühl beschädigt worden. Vielleicht hast du vergessen, wer du bist, wer du sein kannst und was dein Leben bedeuten kann. Wenn diese Unsicherheit dein Wohlbefinden beeinträchtigt, dann hast du jetzt Gelegenheit, etwas Wichtiges für dich zu tun...

Hol einmal tief Luft und stell dir vor, dass du die Luft dort, oberhalb deines Bauchnabels, hereinströmen lässt, wo dein Sonnengeflecht ist. Atme orangegelbes Licht ein und spüre, wie die Wärme dieses Lichts dir guttut und wie sie sich nach allen Seiten verbreitet. Von Atemzug zu Atemzug breitet sich diese goldene Wärme aus, und du schöpfst neue Hoffnung, dass du wiederentdecken kannst, wer du bist und wozu du auf der Welt bist. Und während das orangegelbe Licht alle Organe deines Bauches reinigt, schafft es Raum für Hoffnung und Liebe. Du fühlst dich stärker verbunden mit den Mächten, die dir das Leben geschenkt haben und die dich halten, wie immer du sie auch nennen magst...

Lass das orangegelbe Licht deinen ganzen Bauch anfüllen. Bemerke, wie es durch dein Becken strömt, durch Blase und Nieren und alle anderen Organe deines Bauches. Sieh, wie dieses leuchtende Gelb alle Angst und Anspannung auflöst, die sich in deinem Bauch angesammelt haben. Spüre eine zunehmende Lockerheit, fühle, wie du tiefer und erfrischender in deinen Bauch hineinatmen kannst... Und sieh auch, wie das orangegelbe Licht unmittelbar unter deinem Nabel herausstrahlt...

Lass dieses angenehme Gefühl auch auf andere Teile deines Körpers überströmen. Mit jedem Atemzug kannst du gelbes und orangenes Licht überall hinbringen, wo du dir Wärme und Entspannung wünschst, Hoffnung und Zuversicht...

Und während du auf deinem Stuhl sitzt und ruhig und gleichmäßig atmest, spürst du, wie sich die Wärme in deinem Körper verbreitet. Vielleicht kannst du dir jetzt gestatten, dich reich und beschenkt zu fühlen. Mach dir klar, dass du alles hast, was du brauchst, um deinen Lebensweg weiterzugehen. Du kannst deinen Körper spüren; du hast die Macht, tief und erfrischend zu atmen; du kannst die Kraft der Phantasie nutzen, um dich zu entspannen, um Wärme und Genuss in dein Leben zu bringen...

Und genauso, wie du das leuchtende Gelb und Orange überall in deinem Körper strahlen lassen kannst, so kannst du das Gefühl von Harmonie und Freude in dein Leben bringen. Alles, was du hast, kannst du nutzen und zu deinem Besten verwenden...

Und das Gefühl deines eigenen Wertes hängt nicht davon ab, was du in der Welt erreichst, was du besitzt oder was du leistest. Du kannst dich wertvoll fühlen, wenn dir bewusst ist, dass sich in dir das Wunder der Schöpfung ausdrückt. Du bist lebendig, und es steht dir frei, immer wieder zu bemerken, wie angenehm es ist, tief zu atmen und einfach da zu sein. Und wenn du das möchtest, kannst du deine Hand nehmen und sie nach einem anderen Menschen ausstrecken...

Reck und streck dich nun ein wenig... Atme einmal tief aus und öffne die Augen... Sei wieder hier, erfrischt und wach.

Die Höhle

Lange Zeit war Purpur eine seltene Farbe, die in einem komplizierten Verfahren aus der Purpurschnecke gewonnen wurde. Purpurfarbene Gewänder standen nur hohen weltlichen und geistlichen Würdenträgern zur Verfügung. Die römischen Kaiser trugen Purpur, und die Odyssee erzählt, dass auch Odysseus auf seinen Irrfahrten purpurfarbene Gewänder trug. Purpur symbolisierte seinen Sieg über alle Gefahren, aber vor allem war diese Farbe auch eine Anspielung auf die seelische Verfeinerung des Helden, der sich im Laufe von zehn Jahren vom robusten Krieger in einen Sucher verwandelte, der sich weniger auf sein Schwert verließ als auf seine Emotionen.

Purpur besteht aus Blau, das Hingabe signalisiert, und aus Rot, das für Leidenschaft steht. Daher bezeichnet Purpur die Einheit von Körper und Geist, von Liebe und Weisheit. Purpur ist die Brücke zwischen Altem und Neuem.

Purpur ist auch die Farbe des obersten Chakras, des Chakras auf unserem Scheitel. Dieses Chakra verbindet uns mit den göttlichen Mächten, wie immer wir sie nennen. Hier ist unser spirituelles Zentrum, das uns anregt, jene Fragen zu stellen, auf die wir nie eine definitive Antwort erhalten: Wer bin ich? Wohin gehe ich? Welches ist der Sinn meines Lebens? Was geschieht nach dem Tode?

Darum ist Purpur in vielen Traditionen auch die Farbe des weisen Sehers, der die Verbindung zum Göttlichen sucht.

Spiritualität ist kein Luxus. Wenn wir unsere spirituelle Energie unterdrücken, dann steigt die Wahrscheinlichkeit, dass wir psychosomatisch erkranken, dass unsere Haut überempfindlich wird, dass wir emotionale Störungen erleiden. Oft sind es erst schwere Erkrankungen, die uns darauf aufmerksam machen, dass wir ohne Spiritualität nicht leben können.

In der Imagination kann die Farbe Purpur helfen, uns von der Überbetonung unseres Egos zu lösen. Mit Hilfe dieser mystischen Farbe können wir uns von schlechten Erinnerungen und Verletzungen lösen und innere Weite entwickeln.

In der folgenden Phantasie verwenden wir die Farbe Purpur, um einen Schritt auf unserer spirituellen Suche weiterzugehen. Und wer mit Problemen der Abhängigkeit kämpft, wer schädliche Beziehungen lösen will, kann hier Unterstützung finden.

Anleitung

Setz dich bequem hin und schließ die Augen... Mach deinen Rücken gerade und stell die Füße fest auf den Boden...

Atme einmal tief aus und bemerke, dass dich die ruhige, alterslose Heiterkeit von Purpur umgibt. Vielleicht möchtest du dir vorstellen, dass du von einem ganz leichten, flauschigen, purpurfarbenen Tuch eingehüllt bist. Empfinde, dass dich der liebevolle Respekt dieser Farbe bedeckt...

Stell dir mit deinem nächsten Atemzug vor, dass du purpurfarbene Luft einatmest. Fülle deinen ganzen Körper damit, bis auch deine Seele in purpurfarbenes Licht eingehüllt ist. Jetzt kannst du alle Ängste loslassen...

Wenn du ausatmest, dann stell dir vor, dass alle Abhängigkeit und alle anerzogenen Verpflichtungen aus dir hinausfließen. Spüre, dass du inneren Raum gewinnst, Ausgeglichenheit und Harmonie...

Und während du den Frieden erlebst, den dir Purpur schenken kann, jenes Symbol der höheren Mächte, kannst du daran denken, dass du selbst etwas Wunderbares bist. Staune über die geheimnisvollen Fähigkeiten deines Körpers, der auch ohne deinen bewussten Willen für dich arbeitet, jede Sekunde des Tages. Spüre, wie deine Lunge für dich atmet, spüre wie dein Herz schlägt und das Blut durch deinen Körper strömen lässt. Und genauso bemerkenswert und geheimnisvoll ist dein Geist. Du kannst verstehen, du kannst schöpferisch sein, du kannst kommunizieren... (1 Minute)

Bemerke auch deinen Wunsch, ein positives Leben zu führen. Und wie immer deine Vergangenheit war, du hast versucht, so gut zu handeln wie möglich, indem du alles berücksichtigt hast, was du damals wusstest. Natürlich hast du Fehler gemacht und dich selbst und andere verletzt, aber jetzt hast du Gelegenheit, dich davon zu lösen. Lass los, während du deine Reise fortsetzt, um der zu werden, der du sein könntest...

Gestatte dir nun, in deiner Vorstellung ins Gebirge zu gehen, zu einer uralten Höhle, wo grenzenlose Weisheit ihren Platz hat. Während du über die Schwelle gehst, siehst du, wie durch kleine, runde Löcher in der Wand gelbes, ockerfarbenes und orangenes Licht in die Höhle fällt. Die Lichtstrahlen überkreuzen sich und bilden geheimnisvolle Ornamente auf dem Boden und an den Wänden der Höhle. Ganz oben in der warmen Luft unter der Decke der Höhle zeigen sich manchmal goldene Lichtblitze...

Geh weiter in die Höhle hinein und lass dich von den Lichtstrahlen begleiten. Je weiter du hineingelangst, desto deutlicher empfindest du die Zeitlosigkeit dieses Platzes. Hier kannst du alte Gewohnheiten und überholte Ansichten aufgeben. Sie haben dir in der Vergangenheit geholfen, aber jetzt können sie dir nicht mehr nützen. An diesem heiligen Platz kannst du die Hoffnung entwickeln, dass du dich verändern kannst und dass das Leben immer neue Dinge für dich bereithält...

Und nun schau dich im Inneren der Höhle um. Kannst du irgendein Bild oder eine Skulptur entdecken, die eine Botschaft für dich hätte? Geh dichter heran und lass deine Augen aufmerksam umherwandern. Irgendetwas wird deine Aufmerksamkeit fesseln und dir einen Hinweis geben... An diesem ehrwürdigen, alten Platz wirst du vielleicht auch etwas hören. Das Schweigen wird zu dir sprechen; vielleicht nicht mit Worten, sondern vielleicht durch ein Gefühl in deinem Körper, eine Wärme in deinem Herzen oder durch die plötzliche Einsicht, dass du alte Angewohnheiten aufgeben kannst und etwas Neues an ihre Stelle setzen wirst... (1 Minute)

Bleibe noch ein paar Augenblicke in dem Glanz des purpurfarbenen Lichts und verabschiede dich dann von der Höhle. Auf deinem Rückweg wird dich ein sanftes, weißes Licht umgeben, das dich beschützt und dich auf die Rückkehr vorbereitet...

Und nun reck und streck dich ein wenig, atme einmal tief aus, und wenn du bereit bist, öffne deine Augen... Bring alles mit, was für dich wertvoll ist und sei wieder hier, erfrischt und wach...

Der Amethyst

Die Farbe Violett symbolisiert Spiritualität, Selbstrespekt und Würde. Sie hilft, Einsicht und Inspiration zu gewinnen. Besonders Menschen, die nicht in der Lage sind, sich selbst zu lieben und die darum eigene Gedanken und Gefühle bzw. ihren Körper respektlos behandeln, brauchen diese Farbe.

Der Stein, der besonders schön die Farbe Violett reflektiert, ist der Amethyst. Der Amethyst vermittelt Inspiration und Bescheidenheit, und er ist ein Symbol der göttlichen Liebe. In der Farbtherapie hilft er, körperliche und seelische Schmerzen zu lindern.

Wir verwenden diesen Stein in der folgenden Visualisierung.

Anleitung

Setz dich bequem hin und schließ deine Augen... Mach deinen Rücken ganz gerade und stell deine Füße fest auf den Boden... Atme dreimal tief aus und bemerke, dass du dich bei jedem Atemzug etwas besser entspannen kannst...

Nun stell dir vor, dass du neben einem riesigen, violett leuchtenden Amethyst stehst, der größer ist als du selbst. Wenn du um den Stein herumgehst, kannst du auf der einen Seite eine Tür erkennen, die einen runden Türgriff hat. Nimm den Griff in die Hand und dreh ihn, so dass die Tür sich öffnet. Der Stein hat im Inneren eine Höhlung. Tritt hinein und bemerke, dass in der Mitte eine Bank steht...

Schließ die Tür hinter dir und setz dich auf diese Bank. Von hier aus kannst du den ganzen Raum überblicken. Von allen Seiten fällt Licht herein – sanftes, violettes Licht, das dich einhüllt wie ein weiches Cape...

Allmählich spürst du, dass das violette Licht dich anregt. Es scheint dir, als ginge von den Schwingungen des Lichtes ein Ton aus, der leise vibriert. Wenn du dazu bereit bist, kannst du spüren, dass alle emotionalen Verletzungen, die ein Teil deines Lebens waren, hier durch die Kraft der Liebe heilen können. Du fühlst dich mit den Mächten verbunden, die dich ins Leben gerufen und bis hierher begleitet haben, auch wenn du das manchmal vergessen hast...

Violett ist die Farbe von Selbstachtung und Liebe. Was verstehst du unter Liebe? Bist du in der Lage, das Geschenk der Liebe anzunehmen? Bist du fähig, andere zu lieben? Was kannst du in deine Liebe einschließen? Bist du in der Lage, dich selbst zu lieben? Und wenn du dir diese Frage stellst, denkst du dann hauptsächlich an deinen Körper? Kannst du auch deine Seele lieben, die unvergänglicher ist als dein Körper?...

Versuche in dieser Minute dich selbst liebevoll zu betrachten, alle Aspekte deines Lebens. Spürst du emotionale Fesseln, die dich davon abhalten, ein erfülltes Leben zu führen? Suche in deinem Herzen nach solchen emotionalen Fesseln, die du jetzt nicht mehr brauchst. Löse sie ohne Vorwürfe an dich selbst oder an andere. Bemerke, wie sie sich in dem ruhigen, violetten Licht des Amethysts sanft auflösen...

Und wie geht es dir dabei? Fühlst du dich jetzt leichter? Kannst du dieses sanfte, violette Licht genießen, das dir ein Empfinden von Stabilität und Respekt vor dem Wunder des Lebens vermitteln kann?...

Du wirst nicht immer in der Lage sein, eine so ausgeglichene Stimmung zu empfinden, aber wenn dich Stress, Unruhe und Unsicherheit befallen, dann kannst du hierher zurückkehren, an diesen Platz, wo du nicht mehr suchen musst, weil du dich hier selbst gefunden hast und alles, was in dir zeitlos ist...

Und wenn du gleich in dein Alltagsbewusstsein zurückkehrst, bring alles mit, was wertvoll ist für dich. Steh von der Bank auf und geh zurück zu der Tür; öffne sie und geh wieder nach draußen. Verschließe die Tür gut hinter dir und verabschiede dich von dem Amethysten...

Komm nun mit deiner Aufmerksamkeit in diesen Raum zurück... Reck und streck dich und atme dreimal tief aus... Wenn du bereit bist, öffne deine Augen und sei wieder hier, erfrischt und wach...

Tanz des Lebens

Braun ist die Farbe der Erde. Diese Farbe verbindet uns mit dem Zyklus von Saat und Ernte, von Geburt und Tod. Eine der ältesten Fruchtbarkeitsstatuetten, die winzige Venus von Willendorf, wurde einstmals mit ockerfarbenen Pigmenten bemalt.

In der folgenden Phantasie verwenden wir das Bild des braunen Ackerbodens als Metapher für Wachstum und Veränderung.

Anleitung

Setz dich bequem hin und schließ die Augen... Mach deinen Rücken ganz gerade und stell die Füße fest auf den Boden... Finde für deinen Atem deinen eigenen, natürlichen Rhythmus...

Wenn du dich entspannt und ruhig fühlst, stell dir bitte einen frisch gepflügten Acker im Herbst vor. Sieh die dunkelbraune, fruchtbare Erde, die bereit ist, im kommenden Jahr die neue Saat aufzunehmen und zu ernähren. Die Zeit vergeht...

Der dunkle, kalte Winter kommt, und es beginnt zu schneien. Die Kälte lässt den Boden gefrieren und reinigt die Erde. Der Schnee liegt wie eine Decke auf dem Land...

Im Frühling ist der Schnee längst vergessen. Die Frühlingssonne hat den Boden getrocknet, und die Ackerkrume leuchtet hellbraun und zeigt, dass sie darauf wartet, die neue Saat aufzunehmen. In die ockerfarbene Erde wird gesät, und nach kurzer Zeit drängen die Keime nach oben, der Leben spendenden Sonne entgegen. Unter der Erde breiten sich die Wurzeln aus, um Nahrung und Wasser heranzuschaffen. Das ist das Gesetz der Natur: Sobald der Samen den richtigen Platz gefunden hat, sobald der richtige Zeitpunkt da ist, beginnt das Wachstum...

Erfrischender Aprilregen stillt den Durst der wachsenden Pflanzen. Alles ist da, sodass sich das neue Leben entfalten kann. Nun kannst du die ersten grünen Hälmchen sehen, die die lockere Erde beiseite schieben und sich von der warmen Frühlingssonne bescheinen lassen. Überall in der Natur beginnt neues Wachstum und ein neuer Entwicklungszyklus...

Stell dir vor, dass du auf einem Osterspaziergang bist. Du erlebst überall um dich herum Wachsen und Erstehen. Du denkst an dein Leben. Spürst du, dass dein eigenes Leben fruchtbar ist? Vielleicht wünschst du dir, dass sich deine Kreativität noch stärker entfaltet. Auch du hast das Potenzial, deinem Leben neue Impulse zu geben und neue Ideen zu entwickeln. Vielleicht hast du auch Perioden der inneren Stagnation erlebt, sodass du dich traurig und enttäuscht fühlst. Wenn das so ist, dann bemerke zunächst deine Wünsche und Bedürfnisse und akzeptiere, dass unter der Oberfläche deines alltäglichen Lebens, in einer Tiefe, die dir vielleicht verborgen ist, die Natur für dich arbeitet...

Hole einmal tief Luft und atme die Lebenskraft der Natur ein, die immer fruchtbar ist. Du bist ein Teil dieser Natur und hast auch deinen Platz im Zyklus der Erneuerung. Vertraue darauf, dass deine kreative Energie zur richtigen Zeit erwachen wird. Wenn die Zeit reif ist, wirst du es wissen. Alles in der Natur strebt danach heranzureifen... (1 Minute)

Und wenn du das nächste Mal atmest, dann atme das goldene, warme Licht der Sonne ein...

Lass auch zu, dass das silberne Licht des Mondes, Symbol der Fruchtbarkeit, dein Leben ins Gleichgewicht bringt... Lass das Silber des Mondes in dir wachsen. Lass dich durch das Licht von Mond und Sternen mit dem Universum verbinden. Der Mond herrscht über das Wasser und sorgt für Ebbe und Flut. Akzeptiere, dass der Mond auch auf dich Einfluss hat, da auch du zum größten Teil aus Wasser bestehst. Lass dir vom Mond Schutz gewähren...

Und immer, wenn du dich leer und erschöpft fühlst, kannst du in die Natur gehen und deine innere Verbindung zur Erde neu bekräftigen. Sei der Wind, der über die Felder weht; sei eine glitzernde Schneeflocke, die vom Himmel tanzt; sei das Sonnenlicht auf dem Getreide; sei der sanfte Herbstregen; sei einer der Sterne, die in der Nacht am Himmel stehen. Du hast immer die Möglichkeit, deine Liebe zur Erde und zur Schöpfung zu empfinden. Und du kannst sicher sein, dass du ein deutliches Echo in deinem Herzen spüren wirst...

Komm nun mit deiner Aufmerksamkeit hierher zurück... Reck und streck die ein wenig und atme dreimal tief aus... Und wenn du bereit bist, öffne die Augen und sei wieder hier, erfrischt und wach...

Farbe einatmen

Hier überlassen wir es den Teilnehmern, selbst die Farbe auszuwählen, die sie in diesem Augenblick als entspannend und heilsam für sich empfinden.

Anleitung

Setz dich bequem hin und schließ die Augen... Atme dreimal tief aus... Lass das Gefühl der Entspannung deinen ganzen Körper füllen... Atme noch einmal tief ein, weit in dein Sonnengeflecht hinein... Spüre, wie von dort Wellen durch deinen ganzen Körper laufen, Wellen des Friedens und der Heilung, die jeden Teil deines Körpers erreichen... Und wenn du ausatmest, dann atme Stress und Unwohlsein aus... Hol noch einmal tief Luft, mitten in deinen Bauch, und bring in jede Zelle, in jeden Winkel deines Körpers Entspannung und Heilung... Und wenn du ausatmest, dann lass alle Probleme, alles was dich belastet, aus deinem Körper hinausfließen...

Stell dir nun vor, dass du einen wundervollen Morgen erlebst... Tau glitzert auf den Blättern, die Luft ist kühl... Du stehst an einem Wasser und blickst nach Osten, du fühlst dich gut und genießt den frühen Morgen, den Nebel und die ersten Strahlen der Sonne... Die Sonne steigt höher, und du siehst Wolken über den Himmel ziehen... Diese Wolken spiegeln alle Farben des Regenbogens. Du siehst rote Wolken und orangefarbene, gelbe Wolken und grüne, blaue Wolken, purpurfarbene und weiße... Dieser ungewöhnliche Anblick, die Tiefe jeder Farbe, all das gibt dir ein prickelndes Gefühl. Du empfindest, dass du selbst strahlst und leuchtest, wenn du diesen prächtigen, bunten Himmel beobachtest...

Jetzt wirst du auf geheimnisvolle Weise von einer dieser Wolken angezogen, von einer dieser Farben... Dein Körper sagt dir, welche Wolke dich auf besondere Weise anzieht. Diese Wolke ist nur für dich da, und du weißt, dass es so ist... Du bekommst Lust, dich mitten in diese Wolke, mitten in diese Farbe hineinzulegen... Du weißt, dass du nur dreimal in die Hände klatschen musst, und schon erhebst du dich in die Luft und schwebst durch die frische Morgenluft der Sonne entgegen, hin zu der Wolke, die du dir ausgesucht hast...

Du fliegst höher und höher, bis die Erde aus deinem Gesichtsfeld verschwindet. Du zuckst mit den Schultern und lässt alle Ängste, alle Sorgen und alles Unangenehme einfach von dir abfallen. Du genießt es, so hoch zu fliegen – zwischen Albatrossen und Adlern, die dich neugierig anschauen. Hier oben fühlst du dich frei und entspannt, auf deinem Weg zu deiner besonderen Wolke mit der heilenden Farbe, mit der heilenden Kraft...

Nun bist du angekommen. Mitten in der Wolke machst du es dir bequem... Du liegst hier so weich... wie auf einem Daunenbett. Aber du findest so viel Halt, wie du brauchst, und es ist ein besonders schönes Gefühl, ganz und gar eingehüllt zu sein in diese heilende Farbe... Du fühlst dich ganz ruhig... Atme die Wolke tief ein, und mit ihr diese heilsame Farbe, diese heilsame Kraft... Lass sie in deinem Körper überall hingelangen... Und wenn du ausatmest, dann spüre, wie alle Anspannung aus deinem Körper herausfließt...

Wenn du wieder einatmest, dann spüre, wie die heilsame Farbe zu jeder Zelle und in jeden Winkel deines Körpers gelangt... in jedes Organ... Und wenn du ausatmest, dann bemerke, wie alles Unbehagen, alle Müdigkeit und Erschöpfung deinen Körper verlassen... Spüre den Frieden, der Geist und Seele erfüllt...

Und während du so ruhig daliegst, kannst du in alle Teile deines Körpers atmen und spüren, wie die heilende Kraft dorthin strömt, wo du sie haben möchtest... Zuerst kannst du in deinen linken Arm atmen und spüren, wie jede Zelle, Venen und Arterien, Nerven, Muskeln und Bänder, Knochen und Gelenke erfrischt werden... Du bemerkst, wie dein Arm schwer wird. Du siehst die heilende Farbe innen und außen auf deinem Arm, und die Energie geht auch an die Stellen, die Aufmerksamkeit brauchen oder Liebe oder Heilung. An diesen Stellen wird die Farbe noch kräftiger...

Und wenn du ausatmest, atme alles Schädliche und Kranke aus, alle Blockaden, alle Verspannungen... Spüre, wie ruhig du dich jetzt fühlst...

Atme nun tief in dein linkes Bein. Spüre die Wärme und Schwere, die sich in deinem linken Bein ausbreiten, in jedem Muskel, in jedem Lymphknoten, in der Haut und im Knochengewebe, bis in das Mark deiner Knochen, wo du Lymphozyten erzeugst und Zellen für deinen Blutkreislauf... Sieh, wie die Farbe an den Stellen, die besondere Beachtung brauchen, intensiver wird... Und wenn du ausatmest, atme alles Störende aus, alle Probleme, alle Belastungen... Fühle dich ganz entspannt und vollkommen ruhig...

Und nun kannst du selbstständig auf dieselbe Weise für die rechte Seite deines Körpers sorgen, für deinen rechten Arm und dein rechtes Bein, und danach für Becken und Brust und die Organe, die sich darin befinden, und dann auch für Schultern, Nacken und deine Kehle... (3 Minuten)

Sieh nun, wie die heilsame Farbe auch deinen Kopf und dein Gehirn füllt – mit Frieden, Dankbarkeit und Wertschätzung für dich selbst... Sieh, wie die Farbe tief hineingeht in Geist und Seele und atme alles Belastende aus: Schuld... Ärger... Groll... Unruhe... Hol noch einmal tief Luft und schick deinen farbigen Atem zu den Stellen deines Körpers, die noch mehr Zuwendung brauchen... Sieh, wie die Farbe intensiver wird und wie die Störung sich auflöst...

Wenn du noch einmal tief einatmest, dann sieh, dass dein ganzer Körper diese heilende Farbe ausstrahlt... Spüre, wie diese heilsame Kraft in deinem Körper pulsiert, in deinem Nervensystem, in deinem Blutkreislauf, in deinen Knochen und in deinem Knochenmark... Spüre diese sanfte Kraft überall in dir und erneuere sie mit jedem Atemzug... (1 Minute)

Wenn du bereit bist, dann lass dich von deiner Wolke zurück zur Erde bringen, zu der Stelle, wo deine Reise begann. Klettere aus deiner Wolke heraus. Sieh, wie sich die Wolke auflöst und wie dein Körper wieder seine natürliche Farbe annimmt... Reck und streck dich ein wenig... Atme einmal tief aus... Sei wieder hier, erfrischt und wach...

Zeit reisen

Die Farben
der Schöpfung

In der folgenden Phantasie erleben wir eine poetische Reise durch die Evolution. Eine starke Verbindung mit der Natur kann uns Mut machen, das Leben stärker zu lieben und den Tod weniger zu fürchten. Denn es gibt etwas in uns, das nicht geboren wurde und das deshalb bleibt, auch wenn unser physischer Körper vergehen muss.

Anleitung
Setz dich bequem hin und schließ deine Augen... Atme dreimal tief aus...

Gleich kannst du auf eine Zeitreise gehen... Du wirst bemerken, dass diese Phantasiereise ganz anders ist als andere, die du kennst. Sie wird dir vielleicht wie ein Traum vorkommen, geheimnisvoll und unlogisch. Du wirst zunächst die Ordnung vermissen, den Zusammenhang von Ursache von Wirkung. Bemerke einfach auch alle gemischten Gefühle und spüre, wie du langsam mehr Sicherheit und Vertrauen entwickelst.

Du reist so weit zurück, dass du in die große Leere kommst, die herrschte, bevor die Welt geboren wurde... Und nun stell dir vor, dass dein Körper ganz schwerelos ist. Es umgibt dich eine warme Lufthülle, und du bist ganz entspannt... Um dich herum ist tiefe Dunkelheit. Du hast keinerlei Orientierungspunkte. Du schwebst in der unendlichen Dunkelheit des leeren Kosmos, noch vor der Geburt unseres Universums. Es gibt nur diese unendliche Dunkelheit, es gibt keine Welt... Du hast kein Innen und kein Außen... Du fühlst nichts, du denkst nichts... Du bist nichts... Es gibt keine Zeit und es gibt keinen Raum...

Aber dann erkennst du weit in der Ferne ein kleines Licht, einen winzigen Stern, der gegen den samtschwarzen Hintergrund tief purpurrot schimmert... Zunächst bist du dir nicht sicher, ob du tatsächlich etwas siehst. Aber dann wird das Licht etwas heller, und du erkennst, wie es größer und größer wird... Jetzt weißt du, dass du Augen hast, mit denen du sehen kannst, und du bemerkst, dass der Stern mit dem purpurfarbenen Licht weiter und weiter wächst...

Du hast den Eindruck, dass er auf dich zukommt. Jetzt umgibt dich ein dunkelviolettes Licht, und in diesem Licht bekommst du eine Form... Umschlossen von einem riesigen Amethyst gewinnst du Gestalt. Das violette Leuchten umgibt dich mit einem Lichthof, der immer größer wird... Dieser Lichthof wird jetzt blaurot, und das Licht bewegt sich in Wellen auf dem schwarzen Hintergrund des Universums...

Jetzt kannst du andere Formen sehen. Du siehst große und kleine Klumpen aus namenloser Materie in einem tiefblauen Licht glühen. Aus diesen Klumpen wachsen Tentakel, die immer länger werden. Sie schwingen sanft hin und her...

Wieder verändert sich die Farbe des Lichts: Es nimmt erst die Farbe von Saphir an, dann wird es azurblau und dann türkisfarben... Allmählich kannst du die Umrisse von Bergen und Tälern sehen. Du erkennst Ozeane, in denen sich das erste Leben zeigt... Du hast längst deine Hülle aus Amethyst verlassen und bist ins Meer gespült worden... Du schwebst durch das salzige Wasser und strebst nach dem Licht über dir...

Die dunkelblaue Tiefe liegt weit unter dir, und du bist umgeben von smaragdfarbenem Grün... Unendlich viele dunkelgrüne Algen und Seetang schweben um dich herum, in dieser nährstoffreichen Suppe aus flüssigem grünem Licht. Du selbst bist auch ganz grün, und du wächst ebenfalls... Du kannst schwimmen... Du bewegst dich weiter nach oben... Du kommst durch jadegrüne Wälder, die in kühlem Licht baden...

Du schwebst noch höher... Das grüne Leuchten bekommt einen goldenen Glanz. Du hast den Eindruck, dass du jetzt nicht mehr weit von der Quelle des Lichts entfernt bist...

Du sehnst dich nach dieser goldenen Quelle. Weiter und weiter strebst du nach oben... Die grünen Wälder bleiben weit unter dir... Um dich herum siehst du neue Formen: seltsame Wesen, die durch den goldenen Glanz zu fliegen scheinen... Sie haben keine Gesichter, und du kannst sie nicht erkennen, aber sie streben nach oben wie du... Sie haben Sehnsucht nach dem Gold...

Das Glück ist gelb, und du siehst gelbe Formen, gelbe Früchte und Blumen, gelbe Schmetterlinge, die in der Sonne baden... Allmählich nehmen deine Gedanken Formen an. Du siehst sie, und immer neue Gedanken entstehen...

Schließlich überschreitest du die letzte Schwelle und trittst in eine blendende, zitronenfarbene Helligkeit ein... Du spürst das heiße Licht eines goldenen Sterns, der so riesengroß ist und der so strahlend leuchtet, dass du die Augen schließen musst... Dieser Stern verzehrt sich selbst. Was hast du entdeckt?... Woher stammt deine Sehnsucht nach dem goldenen Licht?... Wer hat diesen Stern gemacht?...

Unter dir brennt das Land. Orangefarbene Flammen schießen nach oben, aus Spalten ockerfarbener Felsen... Roter Sand wirbelt auf an den Küsten des kühlen Meeres, das du hinter dir zurückgelassen hast... Die Erde erscheint dir wüst und leer. Du siehst rotglühende Lava und wilde, zackige Felsen. Kann hier Leben sein?...

Natürlich!... Im Bauch des Meeres entstehen neue Lebensformen. Langsam kriechen sie auf das brennende Land. Einige können ihre Wurzeln in Felsspalten senken und kämpfen darum, dort zu überleben... Andere haben ihre Körper versteift und können sich schnell bewegen... Sie haben gelernt, Wasser und Feuer miteinander zu verbinden. Sie sind von einer ganz neuen Flüssigkeit angefüllt, die rot leuchtet – blutrot... Das Leben hat eine neue Qualität gewonnen. Seine Basis ist der geheimnisvolle, rote Saft, der Kraft gibt und der durch ein inneres Feuer gewärmt wird...

Der riesige Stern geht jetzt unter, und seine Strahlen leuchten wie Rubin. Ein tiefroter Glanz liegt über Land und Meer. Granatfarbene Schatten hüllen die Hügel ein, und über dieser roten Landschaft liegt ein grünblauer Mantel, der das neue Leben atmen lässt. Jetzt weißt du ganz sicher, dass du zu Hause angelangt bist. Du kennst das Geheimnis dieser roten Essenz. Du kennst das Geheimnis des Blutes, das in uns Menschen strömt und in allen Wirbeltieren... Du weißt, dass du mit ihnen dieselbe scharlachrote Lebenskraft teilst... Dieses Wunder musste geschehen, damit du aus der Dunkelheit des Anfangs geboren werden konntest...

Du weißt auch, dass es kein Wissen gibt, das für die Ewigkeit gemacht ist. Irgendwann gibt es eine Rückkehr zum Ursprung, in die schwarze Tiefe, aus der alles kommt und zu der alles zurückkehrt... Vergiss die Dunkelheit nicht. Behalte sie im Gedächtnis... Kenne Anfang und Ende deines Lebens... Lebe und liebe die Zeit, die dir gegeben ist... Kenne die warmen, roten Farben deines Lebens... Vergiss nichts und habe keine Angst...

Es gibt etwas in dir, das nicht geboren wurde und das darum unvergänglich ist. Diesen Teil deiner Existenz zu suchen, gehört zu den besten Aufgaben deines Daseins...

Und nun komm mit deiner Aufmerksamkeit hierher zurück und atme dreimal tief aus... Reck und streck dich ein wenig und öffne die Augen... Sei wieder hier, erfrischt und wach...

Die Geduld der Sterne

Ein Teil unserer inneren Schwierigkeiten wird durch unseren großen Abstand zur Natur hervorgerufen. Oft nehmen wir unser Ego zu wichtig und reagieren allzu aufgeregt und empfindlich.

Diese Phantasiereise kann uns eine neue Perspektive geben. Wenn wir uns als Teil des unendlichen Universums fühlen, dann bekommt unser Denken und Fühlen eine neue Qualität. Wir können leichter unterscheiden, was wichtig ist und was unbedeutend. Das kann uns jene Gelassenheit geben, die wir als Erwachsene so notwendig brauchen.

Anleitung

Setz dich bequem hin und schließ die Augen... Mach deinen Rücken ganz gerade und stell beide Füße fest auf den Boden... Atme dreimal tief aus und bemerke, wie du mit jedem Atemzug entspannter und ruhiger wirst...

Geh mit deiner Aufmerksamkeit nach innen und finde jene Tür, durch die du gehen musst, wenn du die Kraft deiner Phantasie nutzen möchtest...

Stell dir vor, dass du dir einen schmalen Gürtel aus weißem Licht um die Hüften legst, der dafür sorgt, dass du dich sicher und geschützt fühlst...

Stell dir noch einmal diesen Raum vor, in dem du jetzt sitzt und alles, was dich hier umgibt... Bemerke nun, dass du diesen Raum verlässt und nach oben schwebst, weiter und weiter empor. Sieh unter dir das Haus, in dem diese Gruppe zusammengekommen ist. Beobachte, wie das Bild dieses Hauses immer kleiner wird, wenn du höher und höher in den Himmel aufsteigst...

Schau von oben auf das ganze Panorama herab: Häuser und Straßen, Bäume, Parks und Gärten. Menschen und Autos scheinen dir schon sehr klein zu sein, fast ein wenig wie Ameisen, die sich auf den Straßen bewegen. Denke daran, dass jeder Mensch das

Zentrum seiner eigenen Welt bildet, mit seinen Gedanken und Hoffnungen, seinen Schwierigkeiten und Vorhaben. Bemerke, wie sich alle bewegen, wie jeder sein eigenes Leben lebt. Stell dir auch die Menschen in ihren Häusern vor und wie sie alle dieselben grundlegenden Stimmungen kennen: Zuversicht und Sorge, Trauer und Freude, Liebe und Groll, und jeder hat seine persönliche Empfindlichkeit. Alle haben sie ähnliche Wünsche: Sie hoffen vor allem, dass sie von Leid verschont werden und ein gutes und langes Leben haben werden...

Und du setzt deinen Aufstieg fort... Immer größere Teile der Erde kannst du überblicken. Du siehst andere Städte und Dörfer, Wiesen und Felder, blinkende Seen und blaue Berge...

Höher und höher steigst du auf, sodass du schließlich das Meer siehst, andere Länder und große Wolkengebirge, die um die Erde kreisen...

Nun liegt der ganze Planet Erde unter dir – blau und weiß schimmernd, sich langsam im leeren Weltraum drehend. Aus dieser gewaltigen Höhe kannst du die Menschen nicht mehr sehen, aber du kannst an sie denken – beinahe sieben Milliarden Menschen – und alle leben sie auf demselben Planeten und atmen dieselbe Luft. Beinahe sieben Milliarden Herzen schlagen dort unten, in Körpern, die vielen verschiedenen Rassen angehören. Denke daran, wie ungleichmäßig die Schätze dieser Erde verteilt sind. In einigen Gegenden ist es für die Menschen leicht, satt zu werden und ärztliche Versorgung zu finden, in anderen werfen Hunger und Krankheiten dunkle Schatten auf das Leben der Menschen. Denke einen Augenblick über all das nach, während du die Erde betrachtest, die sich unter dir dreht...

Und nun steig noch weiter auf und sieh, wie die Erde unter dir kleiner und kleiner wird. Du kannst jetzt andere Planeten erkennen: die helle Venus, den roten Mars, den großen Jupiter mit seinen Monden... Immer weiter steigst du auf in das unermessliche Sonnensystem...

Die Erde ist nun verschwunden, und die Sonne ist ein kleiner Lichtpunkt unter unzähligen Sternen. Du kannst nicht einmal mehr genau sagen, wo sich unsere Sonne befindet. Milliarden von Sternen umgeben dich. Sie sind über dir, unter dir und auf allen Seiten. Dahinter siehst du den dunklen, samtschwarzen Weltraum, und in dieser unermesslichen Weite macht es keinen Sinn mehr, in Begriffen von oben oder unten zu denken...

Und diese Milliarden von Sternen bilden nur eine der Galaxien im Universum. Dahinter träumt eine unbekannte Anzahl weiterer Milchstraßen...

Hier oben kannst du daran denken, wie unfassbar lange das Universum schon existiert. Hier oben gibt es keine Eile und keinen Stress; hier gibt es kein Morgen und kein Gestern; hier gibt es nur einen unvorstellbar weiten Raum, dessen Dunkelheit vom Licht der Sterne durchbrochen wird. Alles drückt hier Frieden aus und das Wunder der Schöpfung, aber diese Gedanken sind nur möglich, weil du sie in deinem Herzen empfindest. Die Schönheit des Universums entsteht in der Tiefe deines Bewusstseins... Mach dir in diesem Augenblick klar, dass all die Sterne und Sonnen im Universum denselben physikalischen Gesetzen folgen wie du selbst. Und dein Köper besteht aus derselben Materie, die auch die Sterne zum Leuchten bringt. Und noch etwas teilst du mit Sternen und Sonnen: die Energie des Feuers, die auch die Grundlage deiner Lebensprozesse ist. So erscheint dir vielleicht ein ungewöhnlicher Gedanke nicht mehr fremd – dass du ein Bürger des Universums bist und dass Sterne und Sonnen deine Brüder und Schwestern sind...

Empfinde deutlich, wie ruhig du werden kannst, wenn du deine Aufmerksamkeit auf den Kosmos richtest. Bring diese Ruhe mit zurück und alles, was du auf deiner Reise an Wunderbarem erlebt hast...

Und nun kehre zurück in diesen Raum... Reck und streck dich und spüre deinen Körper... Atme einmal tief aus, und wenn du bereit bist, dann öffne die Augen wieder... Behalte von deinem Empfinden der Weite so viel in dir, dass du dich in den nächsten Stunden dieses Tages ruhig und erfrischt fühlst.

Auf den Spuren der Evolution

Wir laden die Teilnehmer ein, sich auf eine Reise in die Evolution zu begeben und in der Phantasie ein Totemtier zu finden. Ein solches Tier ist fast immer psychologisch bedeutsam. Es verkörpert jene Werte und Qualitäten, auf die es dem betreffenden Teilnehmer ankommt, die er sich wünscht oder die er stärker ausbauen möchte. Den Naturvölkern halfen die Totems, ein Gefühl für die eigene Identität und für ihre Aufgaben im Leben zu entwickeln. In demselben Sinne kann die Symbolik dieser Phantasiereise unseren Teilnehmern helfen, sich selbst ganz elementar zu verstehen.

Anleitung

Setz dich bequem hin und schließ die Augen. Atme dreimal tief aus... Erinnere dich an jene Träume, in denen du geglaubt hast, wach zu sein... Du hast geträumt, dass du dein Bett verlässt, dass du durch den Raum zu deinem Kleiderschrank gehst und dort eine geheimnisvolle Tür in der Rückwand entdeckst... Wenn du wach warst, konntest du diese Tür nicht sehen. Trotzdem warst du manchmal neugierig und hast dir gewünscht, zu erforschen, was hinter dieser Tür liegt...

Jetzt kannst du dir vorstellen, dass sich diese magische Tür für dich öffnet. Du trittst durch sie hindurch und stehst oben auf einer steinernen Treppe, die nach unten führt. Es handelt sich um eine Wendeltreppe, und in dem dämmrigen Licht fängst du an, die Stufen hinabzusteigen. In vielen Windungen gelangst du tiefer und tiefer. Auf jeder Stufe kannst du dich etwas mehr entspannen, bis du schließlich unten, am Ende der Treppe, angekommen bist... Du stehst am Rand eines dunklen Wassers... Du hörst, wie sanfte Wellen gegen ein felsiges Ufer plätschern... Hier wartet ein kleines Boot auf dich. Du steigst hinein und legst dich einfach auf die bequemen Kissen, die darin für dich bereitliegen... Das Boot setzt sich in Bewegung und treibt durch die Dunkelheit... Du wirst sanft geschaukelt und kannst dich dabei mehr und mehr entspannen... Du hörst das sanfte Plätschern kleiner Wellen... Du riechst die kühle, feuchte Luft über dem Wasser... Und nun bemerkst du, dass das Boot auf ein Licht in der Ferne zusteuert und dann durch eine Felsenöffnung in warmes Sonnenlicht hinausgleitet... Von der Strömung getragen, spürst du das warme Licht der Sonne und eine laue, angenehme Brise, die dich streichelt, während du weiter und weiter treibst... Am Ufer singen die Vögel, Insekten zirpen und summen, um dich herum springen die Fische aus dem Wasser, um gleich wieder in der Tiefe zu verschwinden... Du riechst den Duft frisch gemähter Wiesen, die mit altmodischen Sensen gemäht wurden...

Alle diese Eindrücke geben dir ein Gefühl der Zufriedenheit, der Heiterkeit und inneren Ruhe. Du fühlst dich eng mit den Elementen verbunden – mit dem Wasser unter dir, mit der Erde zu beiden Seiten des Wassers, mit dem sanften Wind und dem strahlenden, warmen Licht der Sonne...

Nun spürst du, wie das Boot in einer kleinen Bucht ans Ufer stößt. Der Kies knirscht leise, und du entschließt dich auszusteigen. Dicht am Ufer siehst du einen alten Steinbruch. An einer Stelle hat irgendjemand große und kleine Versteinerungen auf den Boden gelegt oder gegen die Felsen gelehnt. Du erkennst die Abdrücke von altertümlichen großen Schneckenhäusern, von Korallen und Muscheln, und von pflanzlichem Leben – von Farn und Schachtelhalm... An einer anderen Stelle entdeckst du die versteinerten Fußspuren großer, ausgestorbener Tiere, und ein Stück weiter findest du versteinerte Knochen und Schädel, die von unseren menschlichen Vorfahren stammen könnten...

Die Atmosphäre dieser Fundstätte wirkt anregend auf dich. Du möchtest eine Weile hier verbringen. Du suchst dir einen Platz, wo du bequem sitzen oder liegen kannst, in der Sonne oder im Schatten eines Baumes... Du gehst tief in dich hinein und erinnerst dich daran, dass du Spuren all dieser fremdartigen Lebensformen, die lange vor dir existierten, in dir trägst... Dein eigenes genetisches Erbe trägt Spuren aus jener Vorgeschichte, in der es noch keine

Menschen gab, sondern nur Tiere und Pflanzen, aus denen erst sehr viel später menschliche Wesen hervorgingen...

Geh noch tiefer nach innen und wisse, dass du in deinem Körper, in deinen Genen und in jeder deiner Zellen die Möglichkeit hast, Kontakt mit diesen vormenschlichen Formen des Lebens aufzunehmen... Lass dein Bewusstsein weiter und weiter zurückgehen in jene alten Zeiten... weit zurück hinter dein gegenwärtiges Leben... weit zurück in der evolutionären Kette, bis eine Erinnerung in dir auftaucht, die Erinnerung an irgendein Tier, das vor vielen, vielen Jahrtausenden auf der Erde gelebt hat. Vielleicht kommt diese Erinnerung als ein Bild... Vielleicht spürst du zunächst in deinem Körper ein Bewegungsmuster... die Art und Weise, wie sich das Tier bewegt hat... Vielleicht erinnerst du dich an die Töne, mit denen sich dieses Tier verständigt hat... Vielleicht taucht vor dir das Bild eines Tieres auf, das im Wasser gelebt hat... das Bild eines Tieres, das fliegen konnte... Vielleicht erinnerst du dich auch an ein Landtier, das über einen gleichmäßig warmen Blutkreislauf verfügte und das seinen Nachwuchs sorgsam geschützt und gesäugt hat... Und nun prüfe, ob dieses Tier, an das du dich vielleicht schon deutlich, vielleicht auch nur schemenhaft erinnerst, das Totem irgendeines deiner Vorfahren gewesen sein kann. Ein Tier, in dem dieser Vorfahre in einer fernen, fernen Generation – Mann oder Frau – einen Aspekt seiner eigenen Person gesehen hat...

Nun kannst du etwas ausprobieren, was deine Vorfahren mit ihren Totems gemacht haben: In Trance haben sie manchmal versucht, in dieses Tier zu schlüpfen, ihren Geist mit dem Geist des Tieres verschmelzen zu lassen und ihren eigenen Körper in den Körper dieses Tieres zu verwandeln... Ganz gleich, an welches Tier du dich erinnerst, benutze dein genetisches Gedächtnis und sei für eine kurze Weile in deiner Phantasie dieses Tier... Wo lebst du dann?... Wie ernährst du dich?... Bist du selbst ein Jäger oder wirst du gejagt?... Wie ist dein Wesen?... Hast du in der Kette der Evolution eine besondere Aufgabe?... Lass dir Zeit, dich mit der Existenz dieses Tieres zu identifizieren... Und wenn du glaubst, dass das Tier zugleich das Totem einer deiner Vorfahren war, dann entwickle auch ein Empfinden dafür, warum dieses Tier für ihn wichtig war. Hatte es göttliche Qualitäten?... Diente es ihm als Vorbild?... Sollte es Schutz oder Anerkennung bringen?... (2 Minuten)

Und nun sei wieder du selbst... Sieh das Tier noch einmal vor dir und verabschiede dich von ihm... Sieh, wie das Bild des Tieres verblasst und komm aus diesen uralten Zeiten zurück zu dem Tag, wo du am Rande des Steinbruchs Ausflüge in die Vorzeit unternommen hast. Vielleicht kannst du etwas Respekt für diesen langen, evolutionären Prozess mitbringen, dem du selbst deine Existenz verdankst, Respekt für all die vielen Glieder in dieser ununterbrochenen Kette, die zu dir hingeführt hat und die über dich hinausgeht... Bewahre alles in deinem Gedächtnis auf, was wertvoll für dich war...

Verabschiede dich nun von der archäologischen Fundstätte und lass dich von deinem Boot zum Fuß der Wendeltreppe zurückbringen... Steig die Treppe hinauf und kehre durch die geheime Tür deines Schrankes in dein Zimmer zurück... zurück auch in diesen Raum... Reck und streck dich ein wenig... Atme einmal tief aus und sei wieder hier, erfrischt und wach...

Der Schlüssel zum Paradies

Im Herzen wissen wir, was es bedeutet, im Paradies zu sein. Aber den größten Teil unseres Lebens verbringen wir nicht im Paradies, sondern auf der Erde, wo wir hauptsächlich arbeiten müssen. Doch die Sehnsucht nach dem Paradies bleibt ein Leben lang in uns lebendig. Die größte psychologische Nähe zum Paradies hatten die meisten von uns als Kinder. Unser eigenes goldenes Zeitalter war jene glückliche Zeit, als wir, von unseren Eltern beschützt, uns gestatteten, spontan zu leben und unsere Lust am Spiel zu befriedigen. Je älter wir wurden, desto mehr orientierten wir uns am Realitätsprinzip. Wir lernten Anpassung und Unterordnung, Konkurrenz und Besitzstreben. Aber die Lebensmuster, die uns die Gesellschaft anbietet, halfen uns in der Regel nicht, unsere Entfremdung zu überwinden. Und so bleibt die Sehnsucht nach dem Paradies in den meisten von uns ein Leben lang lebendig.

In dieser Phantasiereise geben wir den Teilnehmern einen goldenen Schlüssel mit der ausdrücklichen Erlaubnis, ein Paradies wiederzufinden und neu zu entdecken, das all die Wünsche und Sehnsüchte berücksichtigt, die in ihnen schlummern. Diese Wünsche können Orientierung geben und auf Veränderungen aufmerksam machen, die für den Einzelnen notwendig sind.

Die Paradiesbilder des Einzelnen unterscheiden sich fast immer drastisch von den Glücksangeboten des Alltags.

Anleitung

Entspanne dich und schließ deine Augen... Benutze alles, was du weißt, um innerlich zur Ruhe zu kommen, um jene Tür in deinem Innern zu finden, durch die du hindurchgehen musst, wenn du deine Phantasie nutzen willst... Jenseits dieser Tür findest du dein mythisches Bewusstsein, das es dir gestattet, die Welt auf eine andere Weise zu verstehen, mit offenen, träumenden Augen...

Öffne die Tür jetzt und geh eine steinerne Treppe nach unten... Schritt für Schritt... Und während du diese Treppe hinabsteigst, wirst du durch die Farben des Regenbogens gehen. Oben auf der Türschwelle empfängt dich weißes Licht, und wenn du tiefer hinabsteigst, kommst du durch leuchtendes Gelb, dann durch intensives Orange und dunkles Braun, die Farbe von frisch gepflügter Erde... Du kannst verschiedene Schattierungen und Nuancen erkennen, während du die Stufen hinabgehst... Weiter unten auf der Treppe kommst du durch Grün und Blau, dann wird das Licht malvenfarben und rot wie beim Sonnenuntergang... Du steigst noch tiefer hinab... Nun gehst du durch dunkles Purpurrot, durch sehr dunkles Purpurrot... Und je tiefer du gelangst, desto besser kannst du dich entspannen, bis du am Boden der Treppe aus dem Purpur in ein samtenes Schwarz hinaustrittst... Und diese samtene Schwärze lädt dich ein, in sie hineinzusinken... Jetzt bist du ganz unten, tief entspannt, und es spielt keine Rolle mehr, welche Farben dich umgeben... Du musst nicht mehr denken, du spürst Heiterkeit und die Intensität deiner eigenen, inneren Tiefe...

Aus dieser Tiefe kannst du an deine Kinderzeit zurückdenken und an alles, was du damals vom Paradies gehört hast... Vielleicht hast du als Erwachsener den Traum vom Paradies vergessen – jene Zeit, als Tiere und Menschen geschwisterlich zusammenlebten... als die Menschen noch mit den Göttern reden konnten... als die Menschen glücklich und vollkommen waren und keine Sorgen kannten... Damals waren Himmel und Erde sich viel näher als heute... Und dieses Paradies hatte exotische Namen: Bei Christen und Juden heißt das Paradies Garten Eden, die alten Kelten nannten es Tir na nog, die Tibeter nennen es Shambhala, die Polynesier Pulotu... Alle diese Vorstellungen vom Paradies sind einander ähnlich – sie beschreiben es als ein goldenes Zeitalter, in dem die Zeit nicht verging und in dem es den Tod noch nicht gab... Die Erde war ungewöhnlich fruchtbar und alles, Pflanzen, Flüsse, Felsen, Berge und Täler, strahlte mit einem inneren Licht... Alles schien mit Juwelen besetzt zu sein, überall glänzte Gold, das so durchsichtig war wie Glas... Die Leuchtkraft der Farben war so intensiv wie die Lebensfreude von Menschen und Tieren... In einigen Beschreibungen gab es in der Mitte des Paradieses einen Baum... Im

Garten Eden ist das der Baum der Erkenntnis. In anderen Beschreibungen gibt es eine Gruppe heiliger Berge mit einem überragenden heiligen Berg im Zentrum. Und vielfach werden vier heilige Flüsse beschrieben, die in der Mitte des Paradieses aus einer Quelle entspringen und die in die vier Himmelsrichtungen fließen... In dem skandinavischem Epos „Edda" entspringen die vier Flüsse an den Wurzeln des Weltenbaums Yggdrasil, bei den Chinesen liegt die Quelle der vier großen Flüsse der Welt beim heiligen Berg Kwen Lun...

Alle Beschreibungen des Paradieses rühmen seine Schönheit. Von dem Paradies der Hindus, Uttarakuru, heißt es: Das Land ist bedeckt mit Seen, auf denen goldener Lotus schwimmt. Die Flüsse sind bedeckt mit Blättern aus Saphir und Lapislazuli, und am Ufer der Flüsse liegen nicht Sandkörner, sondern Perlen, Edelsteine und Gold...

Vermutlich hast du schon als Kind gehört, dass die Menschen irgendwann nicht mehr im Paradies leben durften. Von nun an lebten sie auf einer anderen Erde, wo sie im Schweiße ihres Angesichts arbeiten und ihr Brot verdienen mussten. Von nun an waren die Menschen sterblich... Und ihre Beziehungen änderten sich: Neben die Liebe trat der Hass, und die Erde war nicht länger die große Mutter, die mit vollen Händen gibt. Ihre Gaben mussten mit harter Arbeit verdient werden... Was vom Paradies übrig blieb, war die Hoffnung, dass am Ende der Zeit eine Rückkehr möglich wäre...

Vielleicht hast du als Kind den Verlust des Paradieses betrauert, aber die Vorstellung vom Paradies ist dir erhalten geblieben. Und vielleicht hat es in deinem Leben Augenblicke gegeben, in denen du gefühlt hast, dass du dem Paradies nahe bist... weil die Zeit stehen bleibt... weil du eine intensive Schönheit erleben darfst... weil du Augenblicke der Harmonie genießen kannst. Wir können das Paradies nur erkennen, wenn wir mit dem Herzen sehen... Auch wenn du dich für einen skeptischen und rationalen Menschen hältst, kannst du den Schleier deiner Skepsis beiseite ziehen, um einen Blick auf das Paradies zu werfen...

Lass jetzt dein ganz persönliches Bild vom Paradies entstehen und gib dir die Erlaubnis, langsam durch diese Landschaft zu schlendern. Entwickle deine ganz persönliche Landkarte vom Paradies, entdecke seine Grenzen und seine Mitte, sieh die Farben, höre die Klänge, atme die Luft dieses Paradieses...

Jeder von uns trägt den Schlüssel zum Paradies in sich. Stell dir vor, dass du diesen goldenen Schlüssel in dir findest... Und nun stehst du vor dem großen Portal, hinter dem dein Paradies beginnt... Du darfst diesen Schlüssel benutzen, um das Portal zu öffnen. Vielleicht hast du Herzklopfen, wenn du auf der Schwelle stehst. Dieses Herzklopfen wird vergehen, wenn du mit allen Sinnen durch dein Paradies wanderst. Hier darfst du alles berühren, riechen und schmecken; du hörst ungewöhnlich deutlich und du empfindest deine Bewegungen... Du kannst dir dein Paradies so ausgestalten, wie du es möchtest, und es mit Tieren, Pflanzen, Menschen und Göttern bevölkern...

Ich werde jetzt schweigen, damit du dein Paradies finden kannst... Nimm deinen goldenen Schlüssel mit, um das Tor zu deinem Paradies nachher wieder sicher abzuschließen... (3 Minuten)

Und nun ist es Zeit, deinen Aufenthalt im Paradies zu beenden. Geh wieder zurück zu dem Portal, durch das du gekommen bist, und verschließe es sorgsam hinter dir... Wenn du willst, kannst du dich von deinem Paradies verabschieden und dich für alles bedanken, was du dort gefunden hat... Merke dir das Portal gut, damit du in dein Paradies zurückkehren kannst, wann immer du das möchtest...

Komm jetzt mit deinem Bewusstsein langsam hierher zurück... Bring alles mit, was wertvoll für dich ist... Reck und streck dich und atme einmal tief aus... Öffne die Augen und sei wieder hier, erfrischt und wach...

Leben im Kosmos

Diese Phantasiereise soll nicht die Frage beantworten, ob es noch anderswo im Weltall Leben, vielleicht sogar menschliches Leben gibt. Vielmehr bietet sie Gelegenheit, unsere Intuition zu üben. Eine der wichtigsten Voraussetzungen für Intuition ist die Bereitschaft, Einfühlungsvermögen zu entwickeln für alles, was nicht menschlicher Natur ist. Es ist verhältnismäßig leicht, uns mit der Existenz, mit den Bedürfnissen und Gefühlen anderer Menschen zu identifizieren. Aber solange wir unser Mitgefühl auf den menschlichen Bereich beschränken, bleiben wir Fremdlinge auf der Erde und im Kosmos. Wenn wir uns in der Welt wirklich zu Hause fühlen wollen, müssen wir bereit sein, uns mit allem anzufreunden, was uns zunächst fremd ist. Wenn uns das gelingt, haben wir einen großen Schritt gemacht in unserer persönlichen, spirituellen Entwicklung.

Diese Phantasiereise bietet dafür eine reizvolle Anregung.

Anleitung

Setz dich bequem hin und schließ deine Augen... Heute wirst du eine weite Reise machen. Darum wollen wir gleich anfangen. Lass dich mit jedem Atemzug tiefer und tiefer entspannen und geh mit deinem Bewusstsein nach innen. Finde jene Tür, durch die du gehst, wenn du das Reich der Phantasie betreten möchtest...

Erinnere dich daran, dass wir manchmal in die Tiefe gehen müssen, wenn wir Höhepunkte erleben wollen. Darum gestatte dir zu erleben, wie du langsam in die Tiefe sinkst – tiefer und tiefer... schneller und schneller... durch Räume, die dir unendlich vorkommen... Dabei kannst du dich mehr und mehr entspannen und die Dunkelheit und die Ruhe der Tiefe genießen... Du hast das Empfinden, dass du in einen zylindrischen Schacht hinabgleitest, dessen glatte Wände dir den Weg weisen... Spüre jetzt, wie deine Bewegung langsamer wird. Ganz sanft landest du auf einem weichen Untergrund, der dich auffängt. Hier wirst du etwas Wichtiges lernen... Du bereitest dich so auf ein ungewöhnliches Experiment vor, das dir nur möglich ist, weil du gelernt hast, dich tief zu entspannen...

Bemerke nun, wie Strahlen weißen Lichts dich in der Tiefe erreichen, strahlendweißes Licht, das dich allmählich von allen Seiten umgibt und das heller und heller wird und dich angenehm wärmt... Das Licht überflutet dich. Es hüllt deinen ganzen Körper ein, und von Augenblick zu Augenblick verändert es sein Aussehen... Aber es bleibt strahlend weiß. Es stürzt von allen Seiten auf dich herab... Und jetzt sieht es so aus, als ob sich darin Weiß und Gold miteinander verbinden... Dieses wunderschöne weiße und goldene Licht umgibt dich, und du fühlst, wie dein Körper mehr und mehr damit verschmilzt... Du spürst, dass dein Körper sich dem Licht entgegenstreckt und viel größer wird, länger und schlanker... Vielleicht hast du dieses Gefühl noch nie gehabt, aber du fühlst dich irgendwie dem Himmel nahe, einer erhabenen, überirdischen Sphäre...

Das Licht wird heller und heller, und du verschmilzt immer mehr damit, und auch dein Bewusstsein wird von diesem Licht angefüllt. Dir ist so, als ob du dich in flüssige Energie verwandelst, die darauf wartet, vom Boden der zylindrischen Röhre nach oben aufzusteigen... Eine Säule aus weißem und goldenem Feuer, die durch diesen beinahe endlos langen Zylinder aufsteigt. Und dein ganzes Bewusstsein besteht aus diesem weißen und goldenen Feuer... Jetzt verändert diese Säule wieder ihre Farbe, sie wird heller und heller... Sie kommt aus dem Mittelpunkt der Erde und strömt nach oben... Sie durchbricht die Erdkruste und zielt auf den weiten Himmel... Eine mächtige Lichtsäule, die aus der Erde kommt und in die dunkle Unendlichkeit des Weltraums aufsteigt, als ob sie das Universum durchdringen möchte... Du spürst eine ungeheure Energie, eine ungeahnte Schönheit und ein Geheimnis, das du nicht für möglich gehalten hättest, während du in dieser riesigen Säule aus weißem Licht aufgehst...

Aber jetzt spürst du, dass du wieder zurücksinkst, tiefer und tiefer nach unten, durch die Kruste der Erde hindurch und immer weiter hinab durch den Zylinder, bis an dessen Boden nur noch eine kleine weiße Flamme brennt... Du trittst aus diesem Feuer heraus, und das Feuer verlischt...

Du spürst jetzt wieder deinen Körper aus Fleisch und Blut, aber er fühlt sich verändert an, als ob du durch das Feuer gereinigt und erneuert wärest, als ob dein Körper eine neue Qualität hätte, mehr Vitalität und dein Geist mehr Intuition...

Und du behältst dieses angenehme Gefühl der Erneuerung, während du jetzt meinen Worten zuhörst... Ich möchte dich daran erinnern, dass viele bedeutende Wissenschaftler damit rechnen, dass in dem riesigen Universum außer dem Menschen auch andere Lebensformen existieren, die über Intelligenz verfügen. Diese Forscher gehen davon aus, dass es an vielen Orten im Kosmos intelligentes Leben gibt, das sich uns bisher nur indirekt zu erkennen gegeben hat... Dieses intelligente fremde Leben kann auf anderen Planeten existieren, aber es kann auch im Weltraum existieren, an Orten, die uns unbekannt sind und in Formen, die uns überraschen...

Vielleicht ist es auch möglich, dass sich diese Lebensformen ähnlich entwickelt haben wie wir selbst. Aber auch wenn diese Wesen ganz anders sind, dann ist ihre Intelligenz vielleicht so groß, dass sie mit uns kommunizieren können, dass sie verstehen, was wir ihnen sagen, und dass sie uns helfen können zu verstehen, was sie uns mitteilen möchten...

Vielleicht kommunizieren diese fremden Wesen in unserer Sprache, vielleicht in Bildern oder durch Töne, durch eine besondere Art von Musik... Vielleicht wenden sie sich auch an unsere anderen Sinne, um ihre Botschaft zu übermitteln...

Wenn du mit diesen fremden Wesen Kontakt aufnehmen möchtest, musst du deinen Alltagsverstand eine Weile aufgeben und in eine kreative Trance hineingehen... Dieses tiefere Bewusstsein macht dich sensitiver. Du kannst dann feinere Schwingungen und subtilere Signale bemerken. Dein Panzer öffnet sich dann, und der Kontakt mit einer anderen Lebensform kann möglich werden. Geh deshalb in deinem Bewusstsein tief nach innen und rechne damit, dass es während dieser Phantasiereise zu einem solchen Kontakt kommen wird... Erinnere dich daran, dass es zu allen Zeiten Menschen gab, die sich geöffnet haben, um mit Wesen zu kommunizieren, die eine andere, oft höhere Intelligenz hatten als sie selbst. Priester und Propheten traten für eine kurze Zeit aus den Beschränkungen von Raum und Zeit hinaus, um göttliche Stimmen zu hören... Schamanen gingen auf Zeitreisen und sprachen mit den Geistern derjenigen, die die Brücke zu einer anderen Welt schon überschritten hatten. Und immer gab es Heilige wie Franz von Assisi, die Tiere und Pflanzen so sehr geliebt haben, dass sie mühelos mit diesen kommunizieren konnten... Du kannst dir bei ihnen Inspiration holen und dich für den Kontakt mit einem Wesen öffnen, das eine größere Intelligenz hat als wir Menschen. Am besten kannst du kommunizieren, indem du liebevolle und freundliche Gefühle aussendest und wenn du bereit bist, fremde Signale aufzufangen, aber nur von solchen Wesen, die ebenfalls freundliche Gefühle für uns Menschen haben, die dich nicht verletzen wollen – absichtlich oder unabsichtlich – und die den ehrlichen Wunsch haben, dir etwas mitzuteilen...

Und nun kannst du ganz passiv werden – rezeptiv und ganz offen – und diese Intelligenz zu dir hereinlassen, jenes Wesen, das auf deine Offenheit reagiert... Vielleicht teilt dir das Wesen auch mit, wie du später erneut mit ihm Kontakt aufnehmen kannst, so dass sich zwischen euch eine echte Beziehung entwickelt... Ich werde jetzt schweigen, damit dieser Dialog möglich wird... (5 Minuten)

Nun ist es an der Zeit, dass du diese Begegnung beendest... Jenes Wesen, mit dem du Kontakt hattest, wird das verstehen... Verabschiede dich und zieh dich langsam zurück... Komm mit deiner Aufmerksamkeit wieder hierher... Bring mit, was wertvoll für dich ist und lass alles dort, was du im Augenblick nicht behalten möchtest...

Und wenn du bereit bist, dann beginne dich zu recken und zu strecken... Atme einmal tief aus, öffne die Augen und sei wieder hier, erfrischt und wach...

Eine unbekannte Welt

Dies ist eine wunderschöne Phantasiereise für Liebhaber der Geschichte, für Weltenbummler und Ethnologen. Solche Teilnehmer können hier ihrer Phantasie freien Lauf lassen und dabei alles verwenden, was sie über diese Erde, über die Menschen und über die Geschichte wissen.

Aber „Eine unbekannte Welt" ist auch für all jene reizvoll, die gern lesen, gern ins Theater oder ins Kino gehen, denn auf dieser Reise können wir etwas erforschen, worauf wir vielleicht schon lange neugierig sind. Wir werden etwas finden, was uns zunächst überrascht, und am Ende werden wir uns fragen, was diese Phantasieproduktion mit uns und unserem Leben zu tun hat. Was wir gefunden haben, kann sich leicht in eine gewichtige Frage verwandeln. Und so können sich hier Vergnügen und Selbsterkenntnis auf eine reizvolle Art verbinden.

Anleitung

Bitte setz dich bequem hin und schließ deine Augen... Achte auf deinen Atem, und lass dich von jedem Atemzug tiefer und tiefer entspannen... Geh mit deinem Bewusstsein tief nach innen und finde jene Tür, durch die du in das Reich der Phantasie kommst... In deiner Kinderzeit bist du oft durch diese Tür gegangen und später immer wieder, wenn du der Stimme deiner Sehnsucht und Kreativität gefolgt bist... Hier ist dir alles möglich, was dir in deinem Alltagsbewusstsein verschlossen bleibt...

Stell dir vor, dass dein Körper ganz rund wird – wie ein Ball, wie die Erdkugel selbst...

Bemerke, dass diese Kugel sich bewegt und dass du mit großer Geschwindigkeit durch Zeit und Raum fliegst, weiter und weiter, bis du dein Tempo bremst und anhältst... Dein Körper bekommt wieder seine übliche Form, und du fühlst dich so wie immer. Deine Gefühle sind präsent, genauso wie deine Wahrnehmung. Du schaust dich um, um herauszufinden, wo du wohl gelandet bist...

Aber du bist in einer seltsamen, neuen Welt angekommen, in einer Realität, die du vorher nicht kanntest. Es ist eine völlig neue Realität, die deine Neugier reizt und die du gern erkunden möchtest...

Vielleicht bist du in einer vergangenen Welt angekommen, die früher einmal existierte; oder du bist in einer Realität angekommen, die es erst irgendwann in der Zukunft geben wird. Aber es kann auch sein, dass du in einer Welt gelandet bist, die gleichzeitig mit unserer heutigen Welt existiert, entweder auf diesem Globus oder irgendwo auf einem anderen Stern. Schließlich ist es auch möglich, dass du in einer völlig imaginären Welt bist, die es nur in deiner Phantasie gibt.

Du wirst diese Welt gleich erforschen, Flora und Fauna und alle belebten und unbelebten Daseinsformen, die zu dieser Welt gehören. Und wenn es dort menschliche oder andere intelligente Wesen gibt, mit denen du kommunizieren kannst, dann wirst du mit ihnen zusammenkommen und dich mit ihnen unterhalten und viele Einzelheiten über ihre Kultur herausfinden...

Wenn es dort Musik gibt, dann kannst du eine kleine Komposition oder ein Lied von dort zurückbringen. Und wenn die Wesen dort Kunst kennen, dann kannst du nachher ein Bild oder eine Skulptur reproduzieren, sodass wir anderen eine Ahnung von der Eigenart dieser Kunst bekommen...

Vielleicht möchtest du dich auch mit den Gesetzen, den Bräuchen, mit der Religion oder Philosophie dieser fremden Welt beschäftigen. Erkunde alles, was dich interessiert und was du lernen kannst. Sei ein Forscher, ein Archäologe und ein Anthropologe, der fremde Welten und Dimensionen untersucht, um sein Bild vom Menschen zu bereichern...

Und auch wenn dir nur ein paar Minuten messbarer Erdzeit für deine Untersuchungen zur Verfügung stehen, so ist das ausreichend, denn in dieser neuen, fremden Welt bedeutet das, dass du Tage, Wochen, Monate oder sogar Jahre für deine Forschungen hast, bis ich dich wieder in unsere Welt zurückrufe... Und jetzt kannst du deine Expedition beginnen, in jede Richtung, die dir verheißungsvoll erscheint... (5 Minuten)

Nun ist es Zeit, dass du deine Reise in fremde Zeiten und Gegenden für dieses Mal abschließt. Du kannst, wenn du das möchtest, später dorthin zurückkehren, um diese Welt noch gründlicher und vollständiger zu erforschen, um all die Schätze zurückzubringen, die es dort gibt, die dich und andere bereichern können...

Sag dieser Welt jetzt Adieu und lass ihr Bild in dir verblassen. Bring alles mit, was wertvoll für dich ist und bewahre es in deiner Erinnerung auf. Komm aus der Sphäre der Phantasie hierher zurück...

Wenn du dazu bereit bist, fang an, dich etwas zu recken und zu strecken... Atme einmal tief aus und öffne die Augen... Sei wieder hier, erfrischt und wach...

Geschichte der Erde

Wir vergessen zu häufig, dass der Mensch erst verhältnismäßig spät in die Geschichte eingetreten ist. In dieser kurzen Zeitspanne sind nicht nur Poesie, Musik und Mythen entstanden, sondern wir haben es geschafft, das Ökosystem der Erde gründlich durcheinander zu bringen. Diese sehr ausführliche Phantasiereise ist eine Einladung zu mehr Bescheidenheit, zu Achtsamkeit und zu verantwortlichem Handeln im Blick auf die kommenden Generationen.

An geeigneten Stellen verkörpern die Teilnehmer die entstehenden Lebewesen vom Einzeller bis zum Homo sapiens.

Anleitung

Setz dich bequem hin und schließ deine Augen... Atme einmal tief aus...

Geh in deiner Phantasie weit zurück in der Zeit, weit vor die Geburt unserer Erde, und noch weiter zurück bis vor die Geburt des Universums... Dazu musst du über 13 Milliarden Jahre zurückgehen, in die Unendlichkeit des ursprünglichen Schweigens... Es gibt weder Zeit noch Raum... Aber es gibt unendlich viel Energie, die den Wunsch hat, sich auszudrücken. Sie tut das in einer mächtigen Explosion, die alles verändert... Jetzt entstehen Zeit und Raum, jetzt entsteht das Universum... In den ersten Augenblicken des Universums ist es so heiß, dass es keine Materie gibt. Es gibt nur pure Energie in Gestalt von Licht...

Und alles, was jetzt existiert, jede Galaxie, jeder Stern und jede Sonne, jeder Planet, jede Sternschnuppe und jeder Asteroid, jedes Teilchen entsteht bei dieser ersten großen Explosion. Und auch all die kleinen Bausteine, die dir und mir Gestalt geben, entstehen bei dieser Gelegenheit, und sie haben seitdem unendlich oft ihre Gestalt verändert. Wenn wir in die Flamme einer Kerze schauen oder wenn wir das Licht der Sterne betrachten, dann sehen wir gleichzeitig das Licht von diesem großen Feuerball. Und auch unser

Stoffwechsel bezieht seine Energie aus jenem Feuer des Ursprungs. Am Anfang ist das Universum unvorstellbar heiß, aber es beginnt bereits, sich auszudehnen und nach allen Seiten zu expandieren. Mit der Zeit kühlt sich das Universum ab. Erst dann können sich Elektronen bilden, kann Materie Gestalt annehmen. Die Materie nimmt erstmalig ihre atomare Form an – als Wasserstoff, als Helium und andere Gase. Diese Gase werden als heiße, kosmische Wolken durch die Schwerkraft zusammengehalten, und langsam bilden sich daraus alle Galaxien, auch unsere Milchstraße. Jetzt wird das Universum ganz durchsichtig...

Und vor fünf Milliarden Jahren wird unsere Sonne geboren, am Rande der Milchstraße. Und aus dem kosmischen Gas entstehen auch die Planeten und unsere Erde – vor ungefähr viereinhalb Milliarden Jahren.

Die Erdkruste besteht aus Mineralien, und darunter brennt ein gewaltiges Feuer. Schwere Materie, wie z. B. Eisen, sinkt in die Tiefe, und die leichteren Elemente strömen nach oben und bilden eine Schale aus Granit. Ab und zu brechen Vulkane diese Schale auf und lassen Berge entstehen. Vor vier Millionen Jahren sinkt die Temperatur auf der Erde unter den Siedepunkt des Wassers, und es regnet zum ersten Mal. Heißer Regen löst nach und nach die Felsen auf, und das Meer wird eine salzige Suppe, in der schon alles enthalten ist, was für das Leben gebraucht wird...

Irgendwann zuckt ein gewaltiger Blitz in das Meer der Urzeit und küsst das Leben wach. Die erste Zelle wird geboren, auf die alles Leben zurückgeht. Du und ich, wir beide sind durch eine ununterbrochene Kette mit dieser Urzelle verbunden... Durch die Urzelle, die in diesem Moment entsteht, sind wir mit Tieren und Pflanzen verwandt...

Und nun kannst du deine Augen öffnen. Schieb deinen Stuhl zurück an die Wand und leg dich auf den Boden. Stell dir vor, du bist diese Zelle, deren Leben beginnt... Du vermehrst dich, indem du dich in zwei separate Zellen teilst. Wie fühlt sich das an?... Zuerst bist du allein, dann gibt es ein „Wir", das getrennte Wege geht...

Nun lass ein paar hundert Millionen Jahre vergehen... Zuerst sind wir Algen. Erst sehr viel später entstehen die grünen Pflanzen auf dem Land und danach die ersten einfachen Tiere. Die Algen machen eine große Erfindung: Sie beginnen Sauerstoff herzustellen. Daraus entsteht dann die Ozonschicht, die unsere Erde einhüllt und die besonders harten Sonnenstrahlen ausfiltert...

Sei jetzt irgendein einfaches Tier, das im Wasser lebt. Über zweieinhalb Milliarden Jahre lassen sich die Lebewesen unseres Planeten im Ozean von den Strömungen und Gezeiten hin- und herschaukeln... Du kannst dir aussuchen, was du sein möchtest: eine Koralle... eine Schnecke... ein Wurm... ein Tintenfisch... Versuche dich an diese Zeit zu erinnern... Diese einfachen Lebensformen haben zwei unterschiedliche Tendenzen: Sie versuchen einerseits, ihre Identität beizubehalten, die Körperform zu konservieren, die sie so mühsam entwickelt haben. Andererseits sind sie aufgeschlossen für das Neue; indem sie ab und zu einige Gene verändern, bringen sie ganz neue Nachkommen hervor...

Irgendwann entstehen Tiere mit einem Rückgrat, unsere direkten Vorfahren. Zu den ersten Wirbeltieren gehören die Fische. Stell dir vor, du bist einer dieser ersten Fische... Wie fühlt es sich an, ein bewegliches Rückgrat zu haben?... Wie bewegst du dich im Wasser?... Leg dich einfach auf den Bauch, bleib dort liegen und spüre deine Beweglichkeit, indem du dich von einer Seite auf die andere rollst – Kopf, Bauch- und Schwanzflosse sind mit deiner Wirbelsäule verbunden. Wie fühlt sich diese Beweglichkeit an?... Wie sieht die Welt aus, die du aus deinen Fischaugen betrachten kannst?... Hörst du die Geräusche des Ozeans?... Und wie empfindest du die Atmung durch die Kiemen?... Spürst du dein Herz schlagen?...

Und vor 450 Millionen Jahren geschieht das Wunder, dass die Pflanzen das Wasser verlassen und allmählich die Erde bedecken. Sie verwandeln den Fels in fruchtbaren Boden und bereiten so die Lebensgrundlage für die Tiere. Die ersten Tiere, die an Land kommen, halten sich den Rückweg offen. Die Amphibien können sich sowohl an Land als auch wie bisher im Wasser fortbewegen... Verwandle dich in der Phantasie in eine Amphibie mit vier Beinen. Benutze die Arme, um deinen Körper über den Boden zu ziehen. Benutze beide Arme gleichzeitig, denn die Amphibien haben es noch nicht gelernt, ihre Gliedmaßen über Kreuz zu benutzen...

Wieder einige Zeit später befreien sich viele Amphibien von ihrer Abhängigkeit vom Wasser. An Land lernen sie als Reptilien, Arme und Beine koordiniert zu bewegen. Probiere es aus, dich in der Art dieser unserer Vorfahren zu bewegen, die vor 200 Millionen Jahren auf das Land gezogen sind... Bleib mit dem Bauch auf dem Boden und bewege Arme und Beine im Takt... Bemerke, dass du dich jetzt schon freier bewegen kannst und dass du deine Umgebung anders wahrnimmst...

Irgendwann verwandeln sich einige Reptilien in Säugetiere. Die Kriechtiere mussten sich am Tag von der Sonne wärmen lassen, nachts kühlte sich ihre Körpertemperatur ab, sodass sie sich kaum noch bewegen konnten. Warmblüter dagegen können sich jederzeit bewegen, weil sie eine konstante Körpertemperatur haben. Sie nutzen die Energie der Sonne auf indirekte Weise mit ihrem kunstvollen Stoffwechsel. Die ersten Säugetiere sind ganz klein. Sie sind wachsam; sie können nicht nur hören und sehen, sondern sie entwickeln auch einen feinen Geruchssinn. Ihre Beweglichkeit bei Tag und Nacht gibt ihnen die Chance zu überleben und den gierigen Zähnen der viel größeren Reptilien zu entkommen...

Stell dir nun vor, dass du ein kleiner Halbaffe bist, ein Maki oder ein Lemur, oder vielleicht eine kleine Katze... Bemerke, wie differenziert du dein Rückgrad jetzt biegen kannst... Wenn du dich auf Händen und Füßen bewegst, schleift dein Bauch nicht mehr am Boden. Du bist viel freier. Wie fühlt sich das an?... Und noch etwas ist dazugekommen: Du musst auf deine Kinder aufpassen, sie säugen und füttern, bis sie für sich selbst sorgen können...

Und wieder einige Millionen Jahre später kommt ein nächster Schritt in der Evolution: Die frühen Affen erobern sich ihren Platz auf der Erde und in der Luft. Sie bewegen Hände und Füße mit Leichtigkeit und Geschicklichkeit. Sei ein solcher Affe... Du kannst springen und klettern, du kannst deinen Oberkörper aufrichten und deinen Kopf frei bewegen, du kannst durch Töne kommunizieren, und vor allem bist du sehr neugierig und verspielt. Dass du so gut klettern kannst, verdankst du deinem Daumen, der jetzt den vier Fingern gegenüber steht. Du kannst mit deiner Hand greifen, dich festhalten oder Früchte ernten. Deine Fingerspitzen sind sehr sensibel. Mit ihnen kannst du prüfen, ob eine Frucht reif ist; mit ihnen kannst du dein Fell pflegen oder deinen Partner kraulen. Du bist ein halber Artist, du kannst balancieren und deine Augen geben dir ein präzises Bild von deiner Umgebung. Immer wenn du etwas Essbares findest, verspeist du es.

Etwas später entwickeln sich die großen Affen. Setz dich hin und spüre, wie schwer und stark dein Körper ist... Wenn du gehen willst, musst du die Fingerknöchel der Hände zu Hilfe nehmen. Versuche, die Balance zu behalten, wenn du dich auf deinen Hinterbeinen aufrichtest. Wie sieht die Welt nun aus?... Was kannst du riechen?... Wie verständigst du dich mit deinen Artgenossen?...

Vor zehn Millionen Jahren gibt es eine einschneidende Veränderung des Klimas. Die Wälder, in denen die großen Affen leben, ziehen sich zu den Bergen zurück, es entstehen die Baumsteppe und die offene Savanne. Und hier lernen die frühen Menschen, auf zwei Beinen zu gehen. Sie stehen zum ersten Mal auf ihren beiden Füßen. Versuche, dich so hinzustellen, und vergiss nicht, der Welt ein mächtiges Kinn entgegenzustrecken... Jetzt kannst du weit sehen, bis zum Horizont, und du kannst auch nach oben in den Himmel blicken... Du lebst in Familien... Du entdeckst die Sprache... Du lernst den Umgang mit Feuer... Du lernst es, Bilder zu malen und Musik zu machen... Ständig musst du mit anderen kooperieren, und dazu entwickelst du deine Sprache. Und du hast das Bedürfnis, Geschichten zu erzählen...

Vor 100.000 Jahren, in einer Zwischeneiszeit, entsteht ein neuer Zweig der Hominiden: die Neandertaler. Sie beerdigen ihre Toten, sie haben eine Vorstellung davon, was nach dem Tod sein könnte. Für sie geht das Leben nach dem Tod weiter. Die Toten in ihren Gräbern schauen nach Osten in die aufgehende Sonne.

Von nun an hat die physische Evolution für uns eine geringere Bedeutung; dafür tritt unsere kulturelle Entwicklung in den Vordergrund...

Was moderne Menschen auszeichnet, weißt du aus eigener Erfahrung. Unsere unmittelbaren Vorfahren leben als Viehzüchter und Bauern – sie treiben Handel und bauen Städte; sie bauen Tempel und erfinden die Schrift und die Zahlen. Sie berechnen den Lauf der Gestirne und machen sich Gedanken über den Ursprung der Welt. Sie fühlen sich von Göttern und höheren Mächten beschützt oder zur Rechenschaft gezogen. Die Erde ist nun nicht mehr die große Mutter, mit der die Menschen harmonisch zusammenleben. Sie wird zum Objekt, das scheinbar unbegrenzt beherrscht und benutzt werden kann... Immer mehr Menschen bevölkern die Erde, und mit zunehmender Bevölkerungsdichte verstärkt sich auch die hässliche Seite des Menschen: sein Konkurrenzdenken, seine Bereitschaft zu Krieg und Gewalt...

Beginne im Raum herumzugehen und spüre, was es bedeutet, wenig Platz mit vielen zu teilen. Wie viel Kontakt hast du in dieser Situation noch mit der Erde?... Wie viel Kontakt hast du in dieser Situation noch mit deinen Brüdern, den Tieren und Pflanzen, mit Sonne, Mond und Sternen?... (1 Minute)

Und nun setz dich irgendwo auf den Boden, schließe deine Augen und nimm dir noch etwas Zeit, an den zukünftigen Menschen zu denken. Wie könnte es mit uns Menschen und mit der Erde weitergehen?... Denke an all die Aufgaben, die vor uns liegen. Wie können wir für Frieden sorgen unter mittlerweile sechs Milliarden Menschen?... Wie können wir dafür sorgen, Tiere und Pflanzen nicht hemmungslos auszubeuten?... Wie können wir aufhören, Wasser und Luft mit unseren Abfällen zu vergiften?... Wie können wir wieder dahin kommen, dass wir die Erde lieben und respektieren, weil sie das Haus ist, in dem wir leben?... Kannst du dir vorstellen, dass wir etwas in uns entwickeln, das man vielleicht als ein ökologisches Selbst bezeichnen könnte?... Lass dir etwas Zeit, um über die Zukunft der Evolution nachzudenken... Vielleicht bekommst du eine Ahnung, wie es weitergehen kann... Gehe nach innen und spüre jene Stille, in der du dich mit allem, was ist und was war, verbunden fühlen kannst... Spüre eine Balance von Geben und Nehmen... Von Ich und Du, von Geist und Seele... Hier, in dir verborgen, liegt auch die Hoffnung... die Saat für die Zukunft... (2 Minuten)

Und nun komm mit deinem Bewusstsein wieder hierher zurück und öffne die Augen...

Komm mit irgendeinem Partner zusammen und sprich mit ihm, was du auf dieser evolutionären Reise erlebt hast, welche Bilder du gesehen hast, was du dabei empfunden hast... Erzählt euch auch, welche Sorgen und Hoffnungen euch bewusst geworden sind im Zusammenhang mit unserer Geschichte, im Zusammenhang mit der Geschichte der Erde...

In die Zukunft sehen

Die Angst vor der Zukunft ist weit verbreitet, weil wir alle die Bürde unerledigter „Geschäfte" mit uns herumtragen, die Bürde unserer Fehler, Versäumnisse und all der Handlungen, für die wir uns schämen. Untergründig erwarten wir, dass uns dafür irgendwann eine Rechnung präsentiert wird. Wir entwickeln dann negative Zukunftsbilder, die uns stark beeinträchtigen können. Darum lädt diese Phantasiereise dazu ein, ein kleines positives, persönliches Zukunftsbild zu erschaffen, das einen Zeitraum von zwei Jahren umfasst. Das kann etwas Optimismus geben.

Anleitung

Setz dich bequem hin und schließ die Augen... Atme einmal tief aus...

Stell dir vor, dass du in Griechenland bist, dort, wo vor 3000 Jahren Gaia lebte, die griechische Erdgöttin... Sie lebte an den Südhängen des Berges Parnass in einem kleinen, hölzernen Tempel, der nach dem Drachen Python benannt worden war. In diesem Tempel befand sich das Orakel von Delphi, das der Drache bewachte. Aber dann kam eines Tages Apollo, ein junger Gott aus dem Norden, und tötete den Drachen. Nun wurde der heilige Platz ihm geweiht, und ihm zu Ehren errichtete man dort einen steinernen Tempel. Stell dir diesen alten Tempel vor – auf einer Plattform von mächtigen Felsblöcken, die so groß sind, dass sie auch ein Erdbeben überstehen können... Die Pilger müssen einen schmalen Pfad hinaufgehen, vorbei an schroffen Felswänden und tiefen Abgründen... Dort können plötzlich heftige Gewitter ausbrechen. Donner und Blitz erinnern an Zeus, den König der Götter, der nach der Sage diesen heiligen Platz gründete...

Und in dem Tempel entdeckst du eine Seherin, eine Prophetin – Pythia. Sie beantwortet die Fragen der Pilger und wählt dafür oft die Form eines Rätsels. Die Pilger schätzen ihre Antworten, weil sie mit ihrer Hilfe ihre Zukunft in einem neuen Licht sehen können. Darum ist dieser heilige Platz über Griechenland hinaus berühmt...

Erinnere dich nun daran, dass nicht nur hier, sondern in der ganzen Geschichte, bis zum heutigen Tage, Menschen in der Lage gewesen sind, die Barriere der Zeit zu durchbrechen und Ereignisse vorherzusehen, die gewöhnlichen Sterblichen noch verborgen sind. Und in einem gewissen Ausmaß ist jeder von uns in der Lage, in die Zukunft zu blicken. Du kannst dieses Vermögen, über das auch du verfügst, testen. Darum stell dir jetzt irgendeinen Seher oder einen Propheten vor... Du kannst die Pythia in Delphi auswählen, du kannst dir einen Lama in einem tibetischen Kloster vorstellen oder einen indianischen Schamanen, der in der feuchten Hitze einer Schwitzhütte in Trance geht... Lass dir von diesem Seher oder Propheten eine Augenbinde anlegen als Zeichen, dass du jetzt für eine begrenzte Zeit ebenfalls in die Zukunft sehen kannst. Du wirst einen Zeitraum von ungefähr zwei Jahren überblicken, und du wirst Bilder sehen, die zeigen, was du selbst in dieser nahen Zukunft tun wirst, was du durch eigene Anstrengung erreichen wirst, was dir durch Glück oder den guten Willen anderer möglich sein wird... Konzentriere dich auf Ereignisse, die wünschenswert sind und bei denen du bald überprüfen kannst, ob deine Prophezeiung zutrifft... Und nun werde ich eine Weile schweigen... (3 Minuten)

Jetzt ist es an der Zeit, dass du die Augenbinde des Sehers wieder ablegst... Bedanke dich bei der Person, die dir die Binde zur Verfügung gestellt hat... Verabschiede dich von dem Platz, wo du gewesen bist und komm mit deiner Aufmerksamkeit wieder hierher zurück... Bring das mit, was wertvoll für dich ist, und sei dir bewusst, dass dieses Experiment weder ein Beweis ist für die menschliche Fähigkeit der Prophetie noch ein Gegenbeweis. Du hast eine besondere Fähigkeit deines Geistes benutzt, nämlich die Kraft der Intuition, und du benutzt sie ständig mit unterschiedlicher Ernsthaftigkeit...

Nun reck und streck dich bitte, atme einmal tief aus... Öffne die Augen und sei wieder hier, erfrischt und wach...

Ein anderes Leben

Unser Selbstbild entsteht früh, und die meisten von uns entwickeln es ihr Leben lang in derselben Richtung weiter. Alle Geschichten, die wir über unser Leben erzählen, unterstützen die einmal gewählte Identität. Das führt dazu, dass wir von den immensen Möglichkeiten, die unsere Gene, unsere Talente und unser Geist bereithalten, nur einen kleinen Teil verwirklichen. Unsere Geschichte gibt uns nicht nur ein Fundament, sie bindet uns auch.

Diese Phantasiereise setzt einen anderen Akzent. Es ist eine Einladung, mit den eigenen Möglichkeiten und verborgenen Wünschen zu spielen und sich ein ganz anderes Leben auszumalen.

Anleitung

Stell dir vor, dass du eine Straße entlangwanderst, über der dichter Nebel liegt. Der Abend kommt. Bemerke alles, was du auf deiner Wanderung wahrnimmst. Atme frei und genieße deine Umgebung. Vielleicht hörst du interessante Geräusche; vielleicht liegt ein Aroma in der Luft, das dir vertraut ist; vielleicht malst du dir aus, was sich in den schattenhaften Bildern, die du siehst, verbirgt...

Jetzt kommst du zu einer Brücke. Hier wird der Nebel noch dichter, und mit einem Mal weißt du, dass auf der anderen Seite der Brücke die Landschaft eines ganz anderen Lebens liegt, das du führen könntest.

Setz deinen Fuß auf die Brücke und geh langsam hinüber. Vielleicht hilft es dir, wenn du dabei von eins bis zehn zählst, während du die Brücke überquerst... (1 Minute)

Und wenn du auf der anderen Seite angekommen bist, dann betrachte dich selbst. Wie bist du gekleidet?... Spüre deinen Körper... Bist du jetzt ein Mann oder eine Frau?... Wie alt bist du?...

Gestatte dir nun, deine neue Umgebung zu entdecken. Kannst du andere Menschen sehen?... Bist du in der Wildnis, auf dem Lande, in einer Stadt?... Was geschieht dort?... Erlaube dir, in dieses andere Leben einzutreten und dich damit vertraut zu machen...

Und in diesem anderen Leben hast du die Freiheit, zeitlich vor- und zurückzugehen. Du kannst die Umstände deiner Geburt entdecken, deine Eltern und deine Heimat. Gibt es irgendwelche besonderen Umstände im Frühling deines Lebens?... Aber du kannst auch an das Ende dieses anderen Lebens gehen, zum Zeitpunkt deines Sterbens.

Du hast jetzt fünf Minuten messbarer Zeit, um durch dieses alternative Leben zu reisen. Diese Zeitspanne kann dir vorkommen wie ein ganzes Leben. Und wenn ich dich nachher zurückrufe, dann wirst du dich bereichert fühlen und angeregt... (5 Minuten)

Nun ist es Zeit, dass du aus diesem anderen Leben zurückkommst. Geh zurück zu der Brücke. Überquere die Brücke und zähle dabei wieder die zehn Schritte ab, die du brauchst, um in dein Alltagsleben zurückzukehren. Bring alles mit, was für dich wertvoll ist...

Und spüre nun deinen Körper wieder... Atme einmal tief aus... Und wenn du bereit bist, öffne die Augen... Sei wieder hier, erfrischt und wach...

Neu geboren werden

Unsere Geburt ist ein Wunder; es ist die erste große Transformation, die wir erleben. Neun Monate lang waren wir ein Wasserwesen, und nun werden wir ein Erdwesen, das atmen und das Licht der Sonne sehen kann. Dies ist die erste große Umstellung, die wir bewältigen müssen. Vermutlich entstehen zu diesem Zeitpunkt unsere ganz persönlichen Muster, wie wir uns auf das Leben einstellen. Es ist das erste Mal, dass wir das Mysterium von Tod und Wiedergeburt erleben. Hier wird vorgeprägt, wie wir später auf Veränderungen reagieren werden. Darum lohnt es sich, möglichst viel aus diesem ersten Schritt ins Leben ins Bewusstsein des Erwachsenen zu bringen, damit wir freier werden und uns leichter auf Veränderungen einstellen können. Die alten Gefühle, die mit unserer Geburt verbunden sind, haben prägende Kraft und beeinflussen unsere Entscheidungen stärker, als wir glauben.

In dieser Phantasiereise regen wir die Teilnehmer an, sich emotional mit den Anfängen ihrer Existenz zu beschäftigen. Wenn sie das getan haben, gehören sie zu den zweimal geborenen Seelen.

Anleitung

Setz dich bequem hin und schließ die Augen... Mach deinen Rücken ganz gerade und stell beide Füße fest auf den Boden... Atme dreimal tief aus... Spüre, dass du dich dabei jedes Mal tiefer entspannst und lockerer wirst...

Stell dir vor, dass du über eine Wiese gehst... Überall siehst du Blumen in den verschiedensten Farben. Du riechst den Duft deiner Lieblingsblumen, und er mischt sich mit der frischen Morgenluft. Diese Mischung gibt dir ein Gefühl von Ruhe und Frieden und von Leichtigkeit...

In der Ferne hörst du die sanfte Stimme eines Baches, der leise zu dir sagt: „Komm!" Und während du auf den Bach zugehst, bemerkst du, dass seine Farbe dich besonders anspricht und ein Gefühl von Liebe und Dankbarkeit in dir hervorruft... Nun erreichst du den Bach. Du kniest nieder und schöpfst etwas von dem kristallklaren, kühlen Wasser. Und du trinkst davon. Du bemerkst, dass dieses Wasser dich sehr erfrischt.

Nun verlässt du das kühle Wasser des Baches und folgst dem Gesang eines Vogels. Du hörst eine schöne Melodie, und mit jedem Ton verstärkt sich dein Gefühl der Frische... Während du weitergehst, fallen dir angenehme Geschichten aus der Vergangenheit ein, und du träumst von glücklichen Zeiten in der Zukunft... Ein Gefühl von Zufriedenheit erfüllt dich, das mit der steigenden Sonne immer tiefer wird. Du fühlst dich geborgen und ruhig... Und so, wie du hier der Natur begegnest, so möchtest du auch dir selbst begegnen – offen, vertrauensvoll und bereit, dich überraschen zu lassen...

Geh weiter und entdecke einen mächtigen alten Baum mit ausladenden Ästen und kräftigen Wurzeln, die tief in die Erde reichen. Du setzt dich unter diesen Baum und lehnst deinen Rücken an den Stamm. Die kräftigen Wurzeln, die sehr tief in die dunkle, fruchtbare Erde hinabreichen, regen dich an, auch in deiner Erinnerung tiefer und tiefer zurückzugehen, bis zum Anfang deines Lebens...

Stell dir vor, dass du noch nicht geboren bist. Du schwebst sicher im Bauch deiner Mutter... Es ist ganz dunkel um dich herum, eine warme Dunkelheit. Aber du kannst Töne hören und vielleicht spürst du auch, wie dein kleines Herz schlägt. Bemerke, welche Bilder kommen, welche Gefühle sich einstellen, wenn du dich diesen Erinnerungen öffnest, die du vielleicht lange vergessen hattest... (2 Minuten)

Spüre, wie sich die Wände deines Hauses zusammenziehen... enger und enger wird es für dich! Du bist einfach zu groß geworden für den Bauch deiner Mutter und kannst hier nicht länger bleiben... Bemerke, wie diese Veränderung geschieht... (1 Minute)

Dann wird alles noch turbulenter. Die Wände deines Hauses bewegen sich in Wellen starker Kontraktionen... Die Töne und Geräusche werden lauter. Vielleicht kommt es dir so vor, als ob ein Erdbeben stattfindet, und du bist genau im Zentrum... Alles verändert sich jetzt. Du musst hinaus, damit du dich wieder frei fühlen kannst... Spüre diesen Vorgang im Körper deiner Mutter... Spüre ihre Wehen... Lass diesen mühsamen und schmerzlichen Vorgang langsam in dein Bewusstsein einsinken... (1 Minute)

Und nun bewegst du dich. Du gleitest durch einen dunklen Tunnel auf ein winziges Licht zu, das du am Ende des Tunnels ahnst... Lass dich treiben... Spüre, wie du zusammengedrückt wirst, wenn du durch den Geburtskanal gepresst wirst, und vergiss nicht zu atmen, während du dich an diese Minuten erinnerst... Bemerke Bilder, die kommen... Gefühle... Töne... Bemerke die Botschaften, die du dir selbst gibst...

Sei jetzt für kurze Zeit deine Mutter und fühle, was sie durchmacht, während du geboren wirst. Bemerke, welche Botschaften sie dir gibt. Was empfindet deine Mutter am Höhepunkt ihrer Schwangerschaft?... Was bedeutet es für sie, dieses neue Leben hervorzubringen?... (1 Minute)

Nun löst sich alle Spannung auf... Du bist geboren!... Bemerke, wie sich die ersten Minuten deiner neuen Freiheit anfühlen. Was empfindest du, nachdem du ans Licht gekommen bist und nur noch mit der Nabelschnur mit deiner Mutter verbunden bist?...

Lass Bilder in dir entstehen und Erinnerungen an die Helfer, an den Schrecken, die Liebe, das Licht... Nimm diese Gefühle eine Weile wahr und spüre diesen Erinnerungen nach... (1 Minute)

Komm nun zurück zu deinem erwachsenen Selbst, aber behalte die Erinnerung an den Anfang deines Lebens, wo du so klein bist und alles um dich herum so neu. Lass diese beiden Realitäten verschmelzen. Sei dieses neue, kleine Kind und sei gleichzeitig der Erwachsene, der für dieses neue Wesen sorgen kann, denn es lebt in deinem Herzen weiter. Du kannst dir vornehmen, gut für dieses kleine Kind in dir zu sorgen, das sich ganz von seinen Gefühlen leiten lässt. Diese Gefühle können auch dir Orientierung geben...

Nun ist es Zeit, dass du langsam mit deiner Aufmerksamkeit hierher zurückkehrst. Spüre deinen Körper... Spüre deinen Atem... Reck und streck dich ein wenig und bring alles, was wertvoll für dich ist, von dieser Phantasiereise hierher zurück... Wenn du bereit bist, öffne die Augen und sei wieder hier, erfrischt und wach...

Eine Reise
in die Unterwelt

Eine Zeitreise gelingt am besten, wenn sie einen anregenden Kontext bekommt, der das Interesse der Teilnehmer weckt und sie vorbereitet. Besonders geeignet ist die Odyssee und der Besuch, den der Held Odysseus in der Unterwelt macht. Dieses literarische Modell gibt Sicherheit und die Erlaubnis, Bezirke zu erforschen, vor denen wir normalerweise zurückschrecken.

Die Zeitreise hat vier verschiedene Abschnitte. Ihre besondere Bedeutung besteht darin, dass das Thema der Generationenfolge aufgegriffen wird.

Nachdem Odysseus ein Jahr auf Circes Insel gelebt hat, erhält er von ihr den Auftrag, in die Unterwelt hinabzugehen. Homer beschreibt diese Unterwelt ganz detailliert: Dort versammeln sich die geistigen Abbilder der Menschen, wenn sie gestorben sind. Dort herrscht ewige Dunkelheit, denn alle diese Geister sind in eine riesige, unterirdische Höhle eingeschlossen. Dort kann man keine Farben sehen, es gibt auch keine Unterschiede mehr in der sozialen Position. Alle haben hier denselben Rang. Wie in vielen anderen religiösen Überlieferungen ist dies auch ein Ort der Buße. Je mehr Untaten jemand im Leben begangen hat, desto heftiger fällt seine Strafe aus. Besonders hart ist die Strafe für Tantalus, der zwar im Wasser steht, aber nicht in der Lage ist, davon zu trinken.

Der Abstieg in die Unterwelt ist wichtig für den Helden. Hier kann er Weisheit finden, die den Lebenden normalerweise vorenthalten wird. Hier kann der Held seine Verwandten treffen und andere Wesen sehen, die ihm kostbares Wissen geben können. Zunächst trifft Odysseus auf den blinden Propheten Teiresias. Der blinde Weise erklärt dem psychologisch blinden Odysseus, wodurch er den Zorn der Götter erregt hat. Er weist Odysseus auf seine persönlichen Schwächen hin, vor allem auf seine Unbeherrschtheit. Schließlich berät er ihn, wie er sich bei seiner nächsten Prüfung auf der Sonneninsel verhalten soll. Und ganz am Ende macht er Odysseus Mut, dass er das Ziel seines Lebens erreichen wird. Er wird geläutert zu seiner Frau Penelope zurückkehren und den Rest seines Lebens in Ithaka verbringen.

Jetzt ist Odysseus bereit, die Mütter zu treffen, seine eigene Mutter und die Mutter von vierzehn anderen berühmten Helden. Die Mütter vertiefen sein Verständnis von der Welt. Am stärksten reagiert Odysseus, als er mit dem Schatten seiner eigenen Mutter zusammentrifft, die aus Kummer über den vermissten Sohn gestorben ist. Wieder einmal zeigt sich, dass Odysseus, dessen Name „Kummer" bedeutet, allen Leid bringt, die ihn lieben.

Und dann geht Odysseus weiter in die Welt der Väter. Er trifft viele tote Helden, die er zum Teil aus dem trojanischen Krieg kennt. Alle diese Helden leiden hier besonders an ihrer heroischen Identität. Sie sind zur Untätigkeit verdammt. Eine Ausnahme bildet Herakles, dessen unsterbliche Seele aus der Totenwelt zurückkehren durfte und der jetzt im Kreise der Götter auf dem Olymp lebt. Denn anders als die übrigen Helden hat Herakles inneres Wissen erworben.

Die Reise durch die Unterwelt verändert Odysseus noch einmal. Er hat elf Helden und Halbgötter im Hades getroffen und wird selbst der zwölfte sein. Er wird, wie Herakles, mit der Unsterblichkeit beschenkt werden, weil er bereit ist, sich zu wandeln. Er erkennt, dass Selbsterkenntnis wichtiger ist als militärische Entschlossenheit und dass er seinen Mitmenschen gegenüber verantwortlich ist. Insofern können wir Odysseus als den Prototypen jener klassischen, griechischen Epoche ansehen, wo es nicht in erster Linie um Eroberung ging, sondern um geistige und politische Kultur.

ANLEITUNG

Ich werde dich gleich zu einer Phantasiereise einladen, die dich in die Unterwelt führt, in das Reich der Mütter und in das Reich der Väter. Du kannst während dieser Reise an Weisheit gewinnen, die dir in deinem Leben nützen wird.

Schließ nun bitte die Augen und geh nach innen. Finde dort ein Tor, durch das du in das Reich der Mütter gehen kannst. Einige dieser Frauen werden deine Vorfahren sein, andere nicht. Und nun geh in der Zeit zurück, bis du jemanden triffst, mit dem du sprechen möchtest. Vielleicht wird das jemand aus deiner eigenen Familie sein, deine Großmutter, deine Urgroßmutter oder eine Ahne, die vor Hunderten oder sogar vor Tausenden von Jahren gelebt hat. Vielleicht triffst du auch eine weise Frau, mit der du nicht verwandt bist und die dir etwas zu sagen hat. Wer immer das sein mag, sie wird dir etwas sagen, was für dich wichtig ist und was du hören willst. Bleib dann bei ihr stehen oder setz dich zu ihr und unterhalte dich mit ihr. Du wirst die Präsenz dieser Person spüren, und du wirst hören können, was sie dir mitteilen möchte...

Wenn du das getan hast, dann geh weiter herum im Reich der Mütter, bis du eine andere Frau triffst. Du kannst entscheiden, wie weit du zurückgehen willst: hundert Jahre, zweihundert oder fünfhundert Jahre oder sogar tausend Jahre. Aber vielleicht möchtest du noch weiter zurückgehen in jene Zeit, als die ersten Dörfer und Städte entstanden oder noch weiter. Du wirst ganz natürlich die Geister treffen, die mit dir sprechen wollen, die eine Botschaft für dich haben. Lass dir so lange Zeit, wie du für diese Unterhaltung brauchst, und geh dann weiter. (5 Minuten)

Geh nun durch ein anderes Tor in das Reich der Väter. Geh zurück durch die Zeit in diesen Bezirk, wo du das Wissen der Väter findest. Geh hundert Jahre zurück oder Tausende von Jahren. Sprich mit deinen väterlichen Vorfahren. Mach das in deinem eigenen Rhythmus.

Im Reich der Väter wirst du Männer treffen, die deine Vorfahren sind, und andere, die das nicht sind. Wenn du spürst, dass einer von ihnen in deiner Nähe ist, dann bleib stehen oder nimm Platz und tausche dich mit ihm aus. Öffne dich für das Wissen des Geistes und für die Weisheit des Herzens. Merke dir all die guten Dinge, die du hörst, und sei davon überzeugt, dass du später ganz persönlichen Gewinn daraus ziehen wirst. (5 Minuten)

Und nun geh durch ein drittes Tor in die Welt der Lebensgesetze, wo du das lernen kannst, was die Welt im Innersten zusammenhält, wo du die großen Prinzipien und die großen kreativen

Mächte treffen kannst. Vielleicht siehst du diese Gesetze der Existenz als Götter mit einem menschlichen Gesicht, vielleicht siehst du sie als Symbole von Liebe, Schönheit, Wissen oder Kreativität. Und wenn du spürst, dass eine dieser Mächte in deiner Nähe ist, dann bleib stehen und unterhalte dich mit ihr. Lass dich mit Einsichten beschenken, mit Wissen für den Geist und für das Herz, mit Verständnis für alles, was zwischen Himmel und Erde vorgeht. (10 Minuten)

Geh nun durch ein viertes Tor. Dieses Mal geh bitte nach vorn in die Zukunft. Du kennst jetzt das Ende des Lebens, und du kennst die gottgegebenen Anfänge. Bring alles mit, was du in der Welt der Mütter und in der Welt der Väter bekommen hast, in der Welt der Lebensgesetze und der höheren Mächte. Du bist bereit, dieses Wissen zu teilen. Darum kannst du jetzt in die Zukunft gehen. Entweder zu deinen eigenen Kindern oder zu anderen Kindern, an denen dir etwas liegt. Gib von dem, was du selbst bekommen hast. Irgendwo in jenem Bezirk, den wir die Zukunft nennen, ist vielleicht ein Abkömmling von dir, ein Kind deines Körpers oder deines Geistes, das sich umdreht und mit dir Verbindung aufnehmen möchte. Vielleicht spürst du eine ausgestreckte Hand, die du ergreifen willst. In diesem geheimnisvollen Reich der Zukunft kannst du etwas von deiner Weisheit und deinem Wissen verschenken. (3 Minuten)

Lass dich nun auch selbst beschenken und nimm etwas von der Weisheit und dem Wissen der Kinder der Zukunft an. Öffne dich für einen tiefen und liebevollen Austausch. (3 Minuten)

Nun hast du etwas von deinen Vorfahren erhalten; du hast deinen Nachkommen etwas gegeben und hast etwas von ihnen bekommen; jetzt kannst du wieder ins Hier und Jetzt zurückkehren. Du warst in anderen Welten und kannst jetzt den Rückweg antreten. Kehre zurück in unsere Gegenwart und in jene Heimat, wo du lebst. Bring dein Wissen mit und spüre, wie dich diese Reise erfrischt hat, wie sie dich verändert hat.

Reck und streck dich ein wenig... Atme einmal tief aus... Öffne die Augen und sei wieder hier, lebendig und wach...

Unsterblichkeit

Diese buddhistisch inspirierte Phantasiereise hat die Aufgabe, unsere Fixierung auf das Ego zu lockern und die Angst vor dem Tode zu mildern.

Je eher wir damit beginnen, uns mit der Vergänglichkeit unseres Körpers anzufreunden, desto besser können wir leben und desto leichter werden wir sterben. Menschen, die große Angst vor dem Sterben haben, erleben ihr Sterben als einen schrecklichen inneren Kampf, weil sie Widerstand leisten und nicht bereit sind hinüberzugehen.

Anleitung

Leg dich bitte auf den Boden, schließ die Augen und gib deinem Körper eine Position, in der du dich vollkommen behaglich fühlen kannst... Atme bewusst, langsam und tief...

Stell dir nun vor, dass von deinem Körper nur das Skelett übrig geblieben ist, das weiß und ordentlich auf dem Gesicht der Erde liegt... Bemerke, dass du jetzt vielleicht gemischte Gefühle bekommst, weil du dieses Bild so selten in dir zulässt. Gestatte dir ein leichtes Lächeln und bemerke, dass du ruhig und gleichmäßig weiteratmest...

Stell dir vor, dass sich all dein Fleisch aufgelöst hat, dass dein Skelett jetzt in der Erde liegt – viele Jahrzehnte nach der Bestattung...

Sieh ganz deutlich die Knochen deines Kopfes, deiner Wirbelsäule, deine Rippen, deine Beckenknochen, die Knochen von Armen und Beinen und die zierlichen Knochen deiner Finger...

Behalte dein leichtes Lächeln, atme ganz leicht und spüre, dass Herz und Geist sich heiter fühlen, denn du erinnerst dich daran, dass du mehr bist als die Gestalt deines Körpers. Sei eins mit dem Leben... Lebe ewig in Bäumen und im Gras... in anderen Menschen... in Vögeln und Fischen... im Himmel... und in den Wellen des Ozeans...

Dein Skelett ist nur ein Teil von dir – du bist überall gegenwärtig, in jedem Augenblick... Du bist viel mehr als die Gestalt deines Körpers, und du gehst auch weit hinaus über deine Gefühle und Gedanken. Du überschreitest deine Handlungen und dein Wissen...

Lass dir eine Weile Zeit, um zu empfinden, wie das ist, wenn du in allem präsent bist, was auf dieser Erde lebt – in Sand und Fels, in Regen und Schneeflocken, in Wärme und Licht... (2 Minuten)

Und nun bring dieses Wissen zurück, das so schwer in Worten auszudrücken ist. Bring es zurück in einem Gefühl deines Herzens... Reck und streck dich und atme einmal tief aus, öffne die Augen und sei wieder hier, erfrischt und wach...

Unsere Suche
nach Sinn

Es ist gut, wenn wir häufiger Bilanz ziehen und uns fragen, wo wir in unserem Leben stehen, welche Schulden wir angehäuft haben, welche Bedürfnisse wir ignoriert haben, welche Ressourcen wir gebildet haben und welche Konsequenzen wir aus dieser Bestandsaufnahme ziehen. Oft schieben wir solche Inspektionen unseres Lebens vor uns her, aber es ist Selbstbetrug und kostet unnötige Kraft, diese Dinge vor uns selbst zu verschleiern. Unsere Gefühle sind unbestechlich. Jeder hat in sich eine Stimme, die wir nicht zum Schweigen bringen können und die uns mahnt, unser Leben in Ordnung zu bringen.

Anleitung

Entspanne dich und schließ deine Augen... Benutze alles, was du weißt, um innerlich zur Ruhe zu kommen, um jene Tür in deinem Innern zu finden, durch die du hindurchgehen musst, wenn du dich selbst und die Welt tiefer verstehen willst. Öffne diese Tür jetzt und geh die solide, steinerne Treppe nach unten... Schritt für Schritt... Und während du diese Treppe hinabsteigst, wirst du durch alle Farben des Regenbogens gehen. Oben auf der Schwelle der Tür strahlt weißes Licht, und wenn du tiefer gelangst, kommst du durch ein leuchtendes Gelb, dann durch intensives Orange und dunkles Braun, wie von frisch gepflügter Erde... Du kannst verschiedene Schattierungen und Nuancen erkennen, während du durch diese Farben hindurchgehst... Wenn du die Treppe weiter hinabsteigst, kommst du durch Grün und Blau, dann wird das Licht malvenfarben und rot wie beim Sonnenuntergang... Steig immer tiefer hinab... nun gehst du durch dunklen Purpur, durch sehr dunklen Purpur... Und je tiefer du gehst, desto besser kannst du dich entspannen, bis du am Boden der Treppe aus dem Purpur hinaustrittst in ein samtenes Schwarz... Und dieses samtige Schwarz lädt dich ein, hineinzusinken und hindurchzugehen... Jetzt bist du ganz unten, tief entspannt, und es spielt überhaupt keine Rolle mehr, welche Farben gerade da sind... Du musst gar nicht mehr denken, du spürst Heiterkeit und die Intensität deiner eigenen inneren Tiefe...

Aus dieser Tiefe kannst du Antworten bekommen über den Sinn deines Lebens... Du kannst herausfinden, was du mit deinem Leben anfangen möchtest, was es bedeuten und was es beinhalten soll... Du kannst überprüfen, was du bis zum heutigen Tag schon erreicht hast...

Und zu diesem Zweck sollst du dir vorstellen, dass dein Leben heute beendet ist. Diese Vorstellung ist vielleicht zunächst erschreckend, aber du weißt auch, dass Tod und Leben Geschwister sind und dass unser Wissen vom Tod uns helfen kann, unser Leben klarer zu sehen und stärker zu schätzen...

Darum stell dir jetzt vor, dass du vor dir ein Bild deines eigenen Körpers siehst, den das Leben verlassen hat. Du siehst deinen toten Körper, und dein Bewusstsein ist noch eine Weile bei diesem Körper geblieben; es beobachtet den toten Körper und meditiert darüber. Dein Geist wirft einen letzten Blick auf diesen Körper, in dem er so lange gewohnt hat – das ganze Leben lang, das du auf dieser Erde geführt hast...

Du betrachtest den Körper, der dort ruht und fragst: „Was bedeutet das Leben dieses Menschen?"

Was hat dieser Mensch Wertvolles getan? Was hat er versäumt? Was hätte eigentlich noch getan werden müssen?

Und du kannst immer intensiver darüber nachdenken, während du den toten Körper betrachtest, während du dieses abgelaufene Leben auf dieser Erde betrachtest, ein Leben, das jetzt als Ganzes gesehen werden kann, weil es zu Ende ist, weil man nichts mehr hinzufügen und nichts mehr wegnehmen kann. Dieses Leben ist nun wie ein geschlossenes Buch. Die Tatsachen können nicht geändert werden... Darum ist die Frage so wichtig, die du dir gleich stellen kannst. Was würdest du tun, wenn dieser tote Körper wieder zum Leben erweckt werden könnte? Wenn das Buch nicht geschlossen wäre, wenn Fehler korrigiert werden könnten, wenn das, was nicht getan wurde, noch getan werden könnte?...

Mach dir klar, dass dies möglich ist. Du bist am Leben, und du hast die Zeit, das Mögliche zu tun... Du hast die Zeit, um das zu erreichen, was du erreichen willst... Du hast die Zeit, um Unrecht wiedergutzumachen und Fehler zu korrigieren... Und vielleicht hast du jetzt immer noch deinen toten Körper vor Augen. Bemerke, wie das Bild unschärfer wird, ein Schatten wird, der sich auflöst wie Rauch, vom Winde verweht...

Und gleichzeitig spürst du ganz frisch das Leben in deinem Körper – Energie, Vitalität, Stärke – deine Lebenskraft... Du kannst empfinden, dass sich Möglichkeiten für dich auftun, dass du neue Wege gehen kannst... Du weißt, dass du genügend Zeit hast, das zu tun, was du tun willst... Du hast den tiefen Wunsch, das aus deinem Leben zu machen, wozu es dir gegeben wurde... Du wirst vielleicht in Zukunft dein Leben noch stärker lieben und es noch mehr genießen... Zugleich wirst du den festen Willen haben, dieses kostbare Leben nicht zu vergeuden... Du wirst Schritt für Schritt herausfinden, auf welche Weise du dies tun willst... (1 Minute)

Und nun gönne Körper und Geist noch etwas Ruhe. Lass alle Bilder vor dir verblassen; lass deinen Geist ganz leer werden... Es ist jetzt nicht notwendig, an die Vergangenheit zu denken oder an die Zukunft. Du kannst das Schweigen genießen – ohne Gedanken, ohne Bilder – denn ganz tief hinter Bedauern und Hoffnung kann sich deine Kraft entwickeln wie ein Samenkorn, das seinen Keim wachsen lässt und ihn langsam zum Licht schickt. Und diese Kraft wird dich zu dem machen, was du sein kannst... Langsam und allmählich wirst du in dir diese Kraft empfinden und die Überzeugung spüren, dass du in der Lage sein wirst, das zu tun, was zu tun ist und was du tun möchtest, und dass du es tatsächlich so machen wirst... Nimm dir genügend Zeit, das alles in dir zu spüren – in der Deutlichkeit, die in diesem Augenblick für dich passt... (1 Minute)

Komm nun mit deiner Aufmerksamkeit hierher zurück... Reck und streck dich und atme einmal tief aus... Öffne die Augen und sei wieder hier, erfrischt und wach...

Rückblick
auf unser Leben

Es gibt Berichte darüber, dass viele Menschen kurz vor ihrem Tod ihr ganzes Leben wie einen Film vor sich ablaufen sehen, und vermutlich sind nicht alle mit diesem Skript zufrieden. Darum sollten wir rechtzeitig beginnen, an dem Skript unseres Lebens zu arbeiten. Natürlich haben wir viele Ängste, die uns davon abhalten wollen. Wir fürchten den Tod, das Leben und sogar unseren eigenen Schatten. Von unseren Ängsten können wir jedoch viel lernen. Wir können unerledigte Geschäfte anpacken; wir können uns bei Freunden und Lehrern rechtzeitig bedanken; wir können üben, Abschied zu nehmen; wir können einigen Menschen verzeihen und andere um Vergebung bitten.

Wir haben drei Arten von Erinnerungen – neutrale, angenehme und unangenehme. Für Erinnerungen, die unser Herz erwärmen, können wir dankbar sein. Aber jeder hat auch Erinnerungen, die ihm wie ein Stein im Magen liegen, und das sind die unangenehmen. Und was diese angeht, sollten wir für Klarheit sorgen und bereit sein, zu vergeben bzw. uns zu entschuldigen.

Natürlich reicht eine einmalige Aktion nicht aus, um unsere Vergangenheit in Ordnung zu bringen. Wir müssen uns dieser Aufgabe immer wieder neu stellen, solange wir leben. Aber in dieser Phantasiereise können wir damit anfangen und lange ignorierte Gefühle wieder spüren, damit sich unser Herz freier fühlt.

Der Rückblick auf unsere Lebensgeschichte ist ein mutiger Schritt, manchmal etwas bitter, aber er wird uns leichter fallen, wenn wir mehr Dankbarkeit und Vergebung, mehr Bewusstheit und Mitgefühl zulassen. Die Vergangenheit kann dann eine andere Bedeutung erhalten. Wir werden Einsicht und Stärke aus unseren Fehlern und Irrtümern gewinnen und das Positive in unseren Verletzungen entdecken. Wir werden bemerken, dass auch schlechte Zeiten uns wichtige Einsichten schenken können. Unsere religiöse und kulturelle Erziehung führt dazu, dass unsere Furcht vor dem Tod immer auch eine gewisse Angst vor Strafe enthält. Darum kann ein Lebensrückblick so erleichternd wirken. Wir ziehen sozusagen das Jüngste Gericht vor und entwickeln die wichtige Tugend, uns auch selbst zu vergeben. Das ist eine besonders schwierige Aufgabe und auch eine der wichtigsten.

Wenn wir uns auf den Tod vorbereiten, werden wir unser Leben mit etwas mehr Gleichmut betrachten. Wir werden Licht und Schatten in unserem Leben in gleicher Weise würdigen. Unsere Erinnerungen werden nicht mehr dafür sorgen müssen, dass wir ein makelloses Selbstbild haben. Nach und nach werden wir den Gefühlen von Furcht, Schuld und Ärger die Spitze nehmen, und wir werden den Teil unseres Geistes entdecken, der unvergänglich ist. Aber das geschieht nicht von selbst. Ein freies Bewusstsein und Vertrauen in das Leben müssen wir uns erarbeiten.

Die folgende Phantasiereise zeigt uns, wie wir dabei vorgehen können.

Anleitung

Die Rückschau auf dein Leben beginnt heute für dich, und sie endet kurz vor deinem Tod.

Setz dich bequem hin und schließ deine Augen... Mach deinen Rücken ganz gerade und achte darauf, dass deine Füße fest auf dem Boden stehen... Atme dreimal tief aus und lass deinen Geist ganz ruhig werden...

Erinnere dich nun an Menschen aus deiner Vergangenheit, deren Liebe oder Freundschaft dein Herz erwärmt hat. Stell dir vor, dass du mit diesen Menschen sprichst. Sag ihnen, was sie dir bedeutet haben. Drück deine Dankbarkeit aus. Danke ihnen und wenn die Unterhaltung zu Ende ist, sag ihnen Adieu. Sag Adieu, als ob du sie nie wiedersehen würdest...

Erinnere dich ganz in Ruhe an Freunde und Lehrer, Eltern und Familienmitglieder, Freunde und Geliebte, ja sogar auch an die Tiere, die dein Leben begleitet haben, an alle, die dir geholfen haben zu wachsen und zu lieben. Sag ihnen, wie viel dir ihre Zuwendung und Freundlichkeit bedeutet haben. Drücke ihnen von ganzem Herzen deinen Dank aus. Wenn du all deine Liebe ausgedrückt hast und die Zeit des Abschieds kommt, dann sag Adieu, so als ob dies eure letzte Begegnung wäre. Und jedes Mal, wenn du in deinem Herzen einen Menschen triffst, dem du dankbar bist, dann wirst du den Abschied weniger als Trennung erleben, sondern eher als eine Vollendung... Dieses erste Mal wirst du nicht genug Zeit haben, um alle zu berücksichtigen, aber du kannst einen Anfang machen... (5 Minuten)

Denke nun auch an jene Ereignisse aus der Vergangenheit, für die du dankbar bist. Denke an besondere Situationen zurück und erinnere dich an die Schönheit dieser Minuten. Danke deinem Schicksal, dass du sie erleben durftest. Und wenn du diese Situationen noch einmal durchlebt hast, dann bedanke dich leise, sag Adieu und schau nicht mehr zurück... (3 Minuten)

Ruf dir nun jemanden in Erinnerung, der dich verletzt hat. Such dir nicht deinen schlimmsten Feind aus, sondern jemanden, an den du ungern zurückdenkst, der aber keinen heftigen Ärger oder keine Wut in dir hervorruft. Fang mit einer leichten Aufgabe an. Und mach dir nun klar, wie ängstlich oder gefühllos der Betreffende war, dass er dich so verletzte. Vielleicht willst du das Experiment wagen, ihm zu vergeben. Wie fühlt sich das für dich an? Du kannst dir vorstellen, dass du die Faust öffnest, mit der du diese Erinnerung festgehalten hast. Öffne sie, wenn du die Möglichkeit in Betracht ziehst zu vergeben. Wenn du dazu bereit bist, dann ist das eine Wohltat für dich selbst und den anderen. Und du bereitest damit etwas noch Wichtigeres vor, du übst, dir selbst zu verzeihen. Und je häufiger du anderen vergibst, desto leichter kannst du dir deine eigenen Schwächen nachsehen...

Achte darauf, tief und bewusst zu atmen, während du weitere unangenehme Erinnerungen in dir aufsteigen lässt. Auf diese Weise kannst du alle Härten in dir besänftigen... Und wenn du willst, dann lass noch mehr Erinnerungen in dir aufsteigen, die schmerzlich sind oder von unklaren Gefühlen begleitet. Sieh die andere Person vor dir. Bemerke ihre Angst und vergib ihr, dass sie ihren eigenen Schmerz nicht aushalten konnte und ihn dir zufügte. Vergib Schwäche und Arroganz, und wenn du spürst, dass du an den Rand deiner Möglichkeiten gelangt bist, dann sag Adieu. Vielleicht ist eine zweite Begegnung notwendig, um noch mehr und weitgehender zu vergeben... (6 Minuten)

Lass nun diese schwierigen Erinnerungen einen Augenblick in den Hintergrund treten. Wenn du später regelmäßig auf dein Leben zurückzuschaust, dann kannst du es deiner Intuition überlassen, in welcher Reihenfolge schöne oder schwierige Erinnerungen berücksichtigt werden sollen. Angenehmes und Unangenehmes verdienen in gleicher Weise deine Aufmerksamkeit; dein Herz hat das Bedürfnis, abwechselnd Dankbarkeit und Vergebung auszudrücken. Manche Erinnerungen wollen schnell deine Aufmerksamkeit haben, andere wollen vielleicht lieber noch warten; einige sind schüchtern und andere sind mutig. Nach und nach kannst du sie alle in dein Herz einladen...

Dieses Vorgehen wird dir immer selbstverständlicher werden. Nach und nach kannst du dich auch den wirklich schwierigen und lange versteckten Erinnerungen widmen. Sehr belastende Erinnerungen wirst du vorsichtig anfassen, genauso, wie du es bei einem Lagerfeuer machen würdest. Leg nicht zu viel Holz auf einmal ins Feuer, sondern gewöhne dich an die Hitze. Mach einen Schritt nach dem anderen. Deine Verletzungen haben ihren eigenen Zeitplan der Heilung. Wenn du langsam und stetig vorgehst, dann wirst du einen Zuwachs an innerer Stärke spüren. Wahrscheinlich wirst du dann erleben, dass du das Feuer gar nicht mehr brauchst, weil du immer leichter bereit bist zu vergeben und dir vergeben zu lassen...

Halte dir immer vor Augen, dass diese Rückschau mehr ist als die Aufarbeitung schwerer Zeiten. Sie gibt deinem Herzen Gelegenheit, den Menschen liebevolle Aufmerksamkeit zu schicken, die dir gezeigt haben, wie man liebt...

Komm nun mit deiner Aufmerksamkeit bitte hierher zurück... Spüre deinen Körper und atme einmal tief aus... Wenn du bereit bist, öffne die Augen und sei wieder hier, erfrischt und wach...

Ein unsichtbarer Schatz

Schamanen, Priester und Propheten hatten zu allen Zeiten eine wichtige Aufgabe für die Kultur, in der sie lebten. Sie bestand darin, die Weisheit zu hüten und zukünftigen Generationen weiterzugeben. Sie sorgten dafür, dass die Menschen wussten, woher sie kamen, wohin sie gingen und welche Werte ihnen im Leben wichtig waren. Diese Weisheit gab eine gewisse Geborgenheit. Sie machte nicht blind für das Böse, für Leid und Ungerechtigkeit, aber sie gab auch Hoffnung. Sie sorgte für eine gewisse Balance zwischen den Mächten der Finsternis und den Mächten des Lichts. Diese Balance inspirierte die Menschheit immer wieder zu wechselseitiger Hilfe, zu Mitgefühl und Verantwortung.

Heute fehlen uns diese weisen Alten. Nur wenige von uns haben das Glück, direkten Kontakt zu einem Menschen zu haben, dessen weise Autorität sie anerkennen können. Das erzeugt bei vielen Pessimismus oder sogar Zynismus.

In dieser Phantasiereise versuchen wir, die Stimme der Weisheit zu hören. Sie kann die Enttäuschung abmildern, die sich einstellt, wenn wir immer neue Meldungen von Krisen und Katastrophen hören. Sie ist gleichzeitig die Stimme der Hoffnung und ein Appell, uns für alles einzusetzen, was die Welt besser macht.

Anleitung

Setz dich bequem hin und schließ die Augen. Mach Platz in deinem Bewusstsein für all die Menschen, die mit dir auf diesem Planeten leben... in dieser Zeit... in dieser Stadt... in diesem Land... und überall sonst auf der Erde... Sieh mit deinem geistigen Auge diese vielen Menschen...

Nun mach noch mehr Platz in deinem Bewusstsein und schließ alle Menschen mit ein, die jemals gelebt haben... Und wenn du willst, kannst du mit den Menschen aus dem Paradies beginnen und dann weitergehen durch die Zeiten... Menschen aller Rassen und aller Kulturen... Reiche und Arme... Könige und Bettler... Heilige und Sünder... Erfinder und Künstler... Bauern und Krieger... Mütter und Väter... Betrachte das riesige Panorama deiner Vorfahren, wie es sich aus der Ferne darstellt, wie eine unendliche Bergkette mit Höhen und Tiefen...

Nun mach dir klar, dass es in jedem einzelnen Leben dieser ungeheuren Anzahl von Existenzen wenigstens eine gute Tat gegeben hat... Auch wenn viele ein kümmerliches und entbehrungsreiches Leben geführt haben, wenn sie sich von Gier und Selbstsucht leiten ließen, so gab es doch in jedem Leben einen Akt der Großzügigkeit, eine Geste der Liebe, des Mitgefühls, der Bereitschaft, sich selbst zu opfern... auf dem Schlachtfeld oder am Arbeitsplatz... im Hospital oder zu Hause...

Von diesen ungezählten Einzelnen sind im Buch des Lebens Taten verzeichnet, bei denen Mut bewiesen wurde oder Freundlichkeit, bei denen gelehrt wurde oder geheilt... Gestatte dir, diese vielfältigen guten Taten mit deinem geistigen Auge zu sehen...

Stell dir nun vor, dass jede dieser guten Taten positive Energie erzeugt hat. Jeder dieser kleinen Energiepunkte ist für sich unsichtbar, aber wenn sich alle vereinigen, dann entsteht ein hell leuchtender Stern. Sieh den dunklen Nachthimmel über dir und beobachte die Geburt dieses Sternes mit Freude und Dankbarkeit. Immer wenn du pessimistisch gestimmt bist, wenn du enttäuscht bist, wenn du Zweifel hast, dass die Menschheit aus ihren Fehlern lernen kann, dann sieh am dunklen Himmel deiner Unsicherheit diesen Stern der Hoffnung. Und lass sein goldenes Licht in dein Herz strömen...

Genieße diesen Anblick, genieße dieses Licht und denk an das Wort der Weisen, dass keine gute Tat je verloren geht... Sie überdauert die Zeiten und verwandelt sich in einen Schatz für die Gegenwart... Sie hilft, dass das Leben weitergeht, dass Menschen sich verändern können. Diese Möglichkeit zur Veränderung schließt auch deine Existenz mit ein...

Komm nun mit deiner Aufmerksamkeit hierher zurück. Reck und streck dich... Atme einmal tief aus und öffne die Augen... Sieh dich hier um, erfrischt und wach...

Der Zauber der Natur

Der Berg

Wir beginnen dieses Kapitel mit Phantasiereisen zu den vier Elementen. Erde, Wasser, Feuer und Luft bilden gemeinsam die Grundlage unseres Lebens. Darum eignen sie sich hervorragend, wenn wir das Gefühl der Sicherheit und des Vertrauens in die Welt stärken möchten. Die Elemente können die Rolle kosmischer Schutzengel spielen, die immer für uns da sind, in guten wie in schlechten Zeiten.

Das Element „Erde" wird hier durch das Bild des Berges vertreten. In Zeiten chaotischen Wandels kann der Berg uns ein wichtiges Geschenk machen und uns das Empfinden von innerer Ruhe und Gelassenheit geben.

Anleitung

Setz dich bequem hin und schließ die Augen... Achte darauf, dass Arme und Beine nicht gekreuzt sind und mach deinen Rücken ganz gerade... Nun schenk dir drei tiefe Atemzüge und lass deinen Atem dann seinen natürlichen Rhythmus finden...

Lass nun vor deinem inneren Augen das Bild eines Berges auftauchen. Vielleicht möchtest du dich an einen Berg erinnern, den du selbst schon gesehen hast... Vielleicht gibt es einen anderen Berg, der bedeutsam für dich ist... Vielleicht willst du dich auf einen berühmten Berg konzentrieren – auf den Olymp... auf den Berg Sinai... den Vesuv... Vielleicht faszinieren dich die Kletterberge – das Matterhorn, der Montblanc oder der Mount Everest... Vielleicht gehen deine Gedanken zu exotischen Bergen – zum Kilimandscharo oder zum Fudschijama... Natürlich kannst du dir auch einen Berg vorstellen, den du dir in deiner Phantasie selbst erschaffst. Sieh die Silhouette deines Berges vor einem hellen Himmel, sieh seinen Gipfel und seinen Fuß, mit dem der Berg in dem felsigen Mantel der Erde verankert ist... Sieh die steilen oder sanften Abhänge an den Flanken des Berges...

Und während du den Berg weiter betrachtest, lass seine gewaltige Masse auf dich wirken, seine Unerschütterlichkeit, seine Zeitlosigkeit... Empfinde auch die Schönheit deines Berges, seine charakteristische Form, mit der er sich über seine Umgebung erhebt... Während du den Berg betrachtest, sei dir bewusst, dass dein Berg eine besondere Qualität besitzt: Er verbindet die Erde mit dem Himmel...

Vielleicht hat dein Berg eine Kappe aus Schnee und Eis und Bäume und Grasflächen an seinen Hängen; vielleicht hat er eine kühne Spitze; vielleicht hat er die sanfte Rundung eines vulkanischen Kraters oder ein ebenes Plateau...

Was immer du siehst – sitze einfach still da und atme im gleichen Rhythmus, wie der Berg atmet...

Und wenn du bereit bist, kannst du versuchen, den Berg auch durch deinen eigenen Körper auszudrücken, sodass dein Körper eins wird mit dem Berg... Lass deinen Kopf zum Gipfel des Berges werden – Schultern und Arme zu seinen Flanken, Beine und Gesäß zum Fuß des Berges, zur Basis, die ihn mit der Erde verbindet...

Spüre in deinem Körper vor allem die vertikale Achse des Berges. Spüre mit deinem ganzen Rücken, tief in deiner Wirbelsäule das Emporstreben des Berges... Spüre in deinem Atem, dass dieser Berg lebt, auch wenn er vollkommen ruhig dasteht und nicht wankt...

Dieser Berg erhebt sich über die Erde. Am Tag bescheint ihn die Sonne, und in der Nacht fällt das Mondlicht auf ihn herab. Licht und Schatten und all die Farben des Berges ändern sich immer wieder, aber der Berg bleibt derselbe... Tag und Nacht wechseln sich ab, Sonne und Regen, aber der Berg ruht in sich... Ganz unbeweglich und still steht er da, während die Jahreszeiten abwechseln und mit ihnen das Wetter – Schnee und Sonnenschein, Regen und Trockenheit, Winterstürme und die sanfte Brise des Sommers... Während sich alles ringsum wandelt, bleibt der Berg gelassen und zufrieden, einfach da zu sein...

Und in deinem Innern spürst du die Verbindung mit der Erde. Du hörst das geheime Leben der Erde unter dir. Du spürst die Energie der Erde und ihre geheimnisvolle Stimme...

Im Sommer sind die Flanken des Berges vielleicht von grünen Wiesen und Wäldern bedeckt; im Herbst mag dein Berg einen Mantel aus leuchtenden, rotgelben Farben tragen; im Winter ist er vielleicht eingehüllt in eine Decke aus Schnee und Eis... Manchmal ist dein Berg unsichtbar, weil er von Nebel oder Wolken umgeben ist. Das mag eine Enttäuschung sein für alle, die ihn besuchen wollen, aber der Berg lässt sich davon nicht berühren. Er hat nur ein Ziel: da zu sein und er selbst zu bleiben...

Du bist einfach da, auch wenn heftige Stürme um dich herum toben... Du bist einfach da, wenn der Frühling kommt, wenn die Vögel in den Bäumen singen, wenn deine Bergwiesen mit leuchtenden Blumen übersät sind und wenn Bäche schmelzenden Schnees von deinen Seiten herabfließen... Unter all diesen Umständen sitzt du da in köstlicher Ruhe... Nichts kann dich beeindrucken, was immer auch in der Welt geschieht... Geh noch etwas tiefer in dich hinein... Spüre das ruhige, schweigende Zentrum des Berges... (1 Minute)

Und nun werde wieder du selbst und sieh deinen Berg noch einmal vor dir. Wenn du willst, verabschiede dich von ihm und bedanke dich für alles, was er dir geschenkt hat. Bring alles, was du von dem Berg gelernt hast und was du für dein Leben brauchen kannst, hierher zurück...

Reck und streck dich ein wenig und atme einmal tief aus... Öffne die Augen, sei wieder da, erfrischt und wach...

Der See

Wasser ist die Grundlage allen Lebens. Die ersten lebenden Zellen haben sich vermutlich im Meer entwickelt. Wir können Flüsse und Ozeane als den Kreislauf der Erde betrachten. Der Regen hält diesen Kreislauf in Gang und sorgt dafür, dass im Frühling selbst in der Wüste Blumen und Gräser sprießen können.

Als Bild für dieses Element habe ich einen See ausgewählt. Dieses Naturbild kann uns eine wichtige innere Qualität schenken – Offenheit und die Bereitschaft, alles aufzunehmen, was das Leben an uns heranträgt. Unsere Seele ist wie das Wasser des Sees. Nur wenn wir ruhig und ausgeglichen sind, können wir klar sehen und die Tiefe und Unvergänglichkeit unserer Existenz erkennen.

Anleitung

Setz dich bequem hin und schließ die Augen... Achte darauf, dass Arme und Beine nicht gekreuzt sind und mach deinen Rücken ganz gerade... Nun schenk dir drei tiefe Atemzüge und lass deinen Atem dann seinen natürlichen Rhythmus finden...

Erinnere dich daran, dass sich das Wasser immer an der tiefsten Stelle sammelt. Es findet von selbst seinen Weg und liebt es, ein Gefäß zu finden, in dem es zur Ruhe kommen kann... Stell dir irgendeinen See vor: einen Bergsee oder einen See in der Ebene, tief oder flach, dunkelblau oder jadegrün, mit bewegtem Wasser oder still und ruhig... Vielleicht möchtest du dir einen See ins Gedächtnis rufen, den du schon kennst, oder du überlässt es deiner Phantasie, dir einen See zu zeigen, der jetzt zu deiner Stimmung passt...

Wenn kein Wind weht, dann ist die Oberfläche des Sees glatt wie ein Spiegel. Wie ein Spiegel kann der See Himmel und Wolken, Bäume und Felsen reflektieren. Der Wind kann diesen Spiegel für eine Weile trüben und kleine Wellen und große Wogen erzeugen, dann spiegelt sich nichts mehr im Wasser, aber dafür blitzt das Sonnenlicht im Schaum der Wellen und verwandelt die Gischt in tausend funkelnde Diamanten... In der Nacht schaukelt der

Mond auf den Wellen, und wenn es ganz windstill ist, spiegelt sich der Mond auf dem schwarzen Wasser, und sein Licht zeichnet eine silberne Straße über den See...

Im Winter kann der See zufrieren, sodass er Menschen und Tieren leblos erscheint. Aber du weißt, dass unter dem Eis Bewegung und Leben weitergehen...

Vielleicht hast du inzwischen das Bild deines Sees gefunden. Versuche im selben Rhythmus zu atmen wie dieser See... Wenn du bereit bist, kannst du selbst das Gefäß für das Wasser sein, sodass dein Körper eins wird mit dem See...

Und wie dein Geist deine Gedanken und Gefühle, deine Träume und deine Lebenskraft hält, so wird das Wasser des Sees von der Erde in seinem Becken gehalten... Atme im Rhythmus des Sees und spüre den See mit deinem Körper...

Gestatte deinem Geist und deinem Herzen, sich zu öffnen und alles zu spiegeln, was kommt. Bemerke jene Augenblicke der Ruhe, wenn das Wasser ganz still daliegt... Bemerke die Augenblicke der Bewegung, wenn die Oberfläche des Sees aufgewühlt ist... Spüre die verschiedenen Energien in deinem Körper, in deinem Geist und in deinem Herzen: das Kommen und Gehen von Gedanken und Gefühlen, von Impulsen und Reaktionen, die weiterwandern wie Wellen und Wogen... Bemerke, wie die sich ständig ändernden Kräfte mit dem See spielen: Wind und Windstille, Licht und Schatten, die Wärme des Sommers und der Frost des Winters... Spürst du, wie Gedanken und Gefühle manchmal die stille Oberfläche deines Geistes unruhig machen?... Kannst du akzeptieren, dass dein Geist manchmal ganz still ist und manchmal tief aufgewühlt?... Bemerke, dass du nicht nur die Oberfläche bist, sondern dass du eine Tiefe hast, wo es ganz still ist, auch wenn Wind und Wetter über deine Oberfläche toben oder wenn ein Eispanzer die Oberfläche erstarren lässt...

Und genauso wie das Wasser des Sees durch Schnee und Regen erneuert wird, durch Quellen und kleine Bäche, die in den See münden, so wirst du selbst, durch deine eigenen Gedanken und Gefühle bereichert und durch die Ideen und Stimmungen all der

Menschen, mit denen du zu tun hast... Erfreuliches und Unerfreuliches, Erwartetes und Überraschendes kannst du bereitwilliger aufnehmen, wenn du dir der Tatsache bewusst bist, dass du, wie der See, deine eigene Tiefe hast, deren Ruhe nicht von den Vorgängen an der Oberfläche berührt wird...

Genauso wie der See, der, eingebettet in die Erde, sich von Luft und Wind berühren lässt, von den Strahlen der Sonne und von dem Licht des Mondes, kannst auch du sein und dich von allem berühren lassen. Du kannst alles aufnehmen und akzeptieren, wenn du deine eigene Tiefe spürst, dein inneres Zentrum, dein unvergängliches Wesen...

Während du ruhig und tief weiteratmest, kannst du noch einmal daran denken, wie der See sich erneuert: durch all das frische Wasser, das sich in ihm sammelt, durch die Luft, die seine Oberfläche aufwirbelt. Genauso kannst du mit jedem Atemzug deine Lebensenergie erneuern. Über deinen Atem bist du an der unendlichen Energie der Erde beteiligt, die dich hält, wie sie den See hält. Du kannst diese Energie im Schlag deines Herzens und im Strömen deines Blutes spüren, das dich erfrischt und dir Kraft gibt...

Und nun ist es Zeit, dass du dich von deinem See verabschiedest. Sieh ihn noch einmal deutlich vor dir und betrachte seine Oberfläche und seine Umgebung... Wenn du willst, kannst du dich bei dem See für alles bedanken, was er dir gegeben hat... Bring alles mit zurück, was du gebrauchen kannst...

Fang an, dich zu recken und zu strecken... Atme einmal tief aus... Öffne die Augen und sei wieder hier... erfrischt und wach...

Das Feuer

Wenn wir über das Element Feuer nachdenken, dann fallen uns zwei Dinge ein: zunächst Wärme und Licht, die uns das Feuer in einer dunklen und kalten Winternacht schenkt, und dann seine reinigende Kraft. Immer wieder müssen wir uns im Leben von dem trennen, was überholt ist, was verbraucht ist, was uns nur noch belastet. Das gilt sowohl für unseren Geist als auch für unseren Körper. Die Metapher des Feuers kann uns bei diesem Prozess der Selbsterneuerung begleiten.

Anleitung

Setz dich bequem hin und schließ die Augen... Mach deinen Rücken ganz gerade und stell beide Füße fest auf den Boden... Atme dreimal tief aus und bemerke, dass du dich von Mal zu Mal entspannter und behaglicher fühlen kannst...

Stell dir nun vor, dass du an einem kalten Winterabend eine kleine Berghütte betrittst. Bäume und Wiesen sind von einer dicken Schneeschicht bedeckt und auch der gewundene Bergpfad, der nur schwer für dich zu erkennen war. Wie eine dichte Decke des Schweigens liegen die blitzenden Kristalle über der Erde. Der Wind bläst kalt und dringt auch durch deine Winterkleidung, sodass du dich freust, dass du deine Wanderung jetzt unterbrechen kannst...

Wenn du vor der Tür der Hütte stehst, dann finde den Schlüssel, der rechts neben dem Eingang an einem Haken hängt. Schließ auf und geh hinein. Lege deine Winterbekleidung ab und spüre die Erleichterung, dass du nicht länger in der kalten Nacht sein musst. Geh in den Wohnraum und entdecke, dass im Kamin bereits ein gemütliches Feuer brennt. Setz dich vor das Feuer und lass deine kalten Hände und Füße warm werden. Das einzige Licht im Raum kommt von dem Feuer, dessen Flammen geheimnisvolle Muster auf Wände und Decke werfen.

Und während du in das Feuer schaust, bemerke die verschiedenen Farben der Glut und der brennenden Holzscheite. Sieh, wie die

Flammen miteinander tanzen, und spüre, wie sich die Wärme von Händen und Füßen in deinem ganzen Körper ausbreitet. Empfinde die Geborgenheit und zunehmende Entspannung, die das Feuer dir schenkt...

Stell dir vor, dass du dich nun auf dem Teppich vor dem Feuer ausstreckst. Dir fallen dabei die Worte ein: „Durch das Feuer der Reinigung gehen..." Was verbindest du mit diesem Satz?...

Wenn wir krank werden, müssen wir manchmal drastische Maßnahmen ergreifen, um auf die Krankheit zu reagieren. Oft reicht es nicht aus, dass der Arzt seine Arbeit tut, sondern wir müssen unser Leben ändern. Wir müssen bestimmte Dinge opfern, die uns vorher wichtig waren, wenn wir wieder gesund werden wollen. Ähnliches gilt für unseren Lebensweg. Manchmal brauchen wir Krisen und Niederlagen, um zu lernen, um alte Irrtümer einzusehen, um auf unsere innere Stimme zu hören und neue Wege zu gehen. Das kann sehr schmerzlich sein, besonders wenn wir uns von Menschen und Dingen trennen müssen, die nicht länger zu uns passen. Und während du weiter in die Flammen schaust und das Knistern und Knacken des brennenden Holzes hörst, kannst du darüber nachdenken, ob in deinem Leben die Zeit gekommen ist, dich von Altem und Ausgedientem zu trennen... (1 Minute)

Vielleicht musst du auch seelischen Ballast abwerfen... alten Groll aufgeben... kindliche Hoffnungen... anerzogene Ideale... falsche Prioritäten... (1 Minute)

Im Augenblick musst du keine Entscheidung treffen. Es reicht aus, wenn du deine Bereitschaft stärkst, loszulassen und Raum für Neues zu schaffen. Wenn die Zeit gekommen ist, fällt es dir dann ganz leicht...

Komm nun mit deiner Aufmerksamkeit hierher zurück. Spüre deinen Körper und atme einmal tief aus. Schließ jene Tür deiner Seele, die du nur öffnen darfst, wenn du dich vollständig sicher fühlst. Reck und streck dich ein wenig... Komm zu deinem Alltagsbewusstsein zurück... Öffne deine Augen und sei wieder hier, erfrischt und wach...

Die Luft

Anders als Erde, Wasser und Feuer ist die Luft jenes Element, das wir nicht sehen können. Aber wir können die Luft spüren und hören. Luft hat etwas Geheimnisvolles. Sie versorgt uns nicht nur mit Sauerstoff, sondern sie gibt uns die Möglichkeit zu sprechen und zu hören. Ohne Luft könnten wir keine Musik hören, die uns von allen Künsten am tiefsten berühren kann. Wir erinnern uns, dass Adam erst durch den göttlichen Odem zum Leben erweckt wurde. Ohne Sprache wären wir nicht in der Lage zu verstehen, dass wir tief in uns ein göttliches Selbst haben. Unser Atem verbindet uns mit dem Göttlichen, er gibt uns eine Stimme, und er gibt uns das Geschenk, dass wir hören können.

Anleitung

Setz dich bequem hin und schließ die Augen... Mach deinen Rücken ganz gerade und stell beide Füße fest auf den Boden... Atme dreimal tief aus und lass Körper und Geist locker und offen werden...

Stell dir vor, dass deine Gedanken, die dir jetzt vielleicht noch durch den Kopf gehen, schöne bunte Seifenblasen sind, die sanft durch die Luft segeln, um sich irgendwann aufzulösen...

Und wenn dein Geist ganz still geworden ist, dann sieh, wie du an einem leuchtenden Herbsttag über ein weites Moor gehst. Spüre, wie der Wind durch dein Haar bläst, und höre, wie er in Gräsern und Büschen über das Land rauscht. Wenn du zum Horizont blickst, dann siehst du in der Ferne eine kleine Kirche. Du entscheidest dich, auf die Kirche zuzugehen... Du siehst, wie der Wind mit den wenigen Blättern spielt, die noch an den Zweigen der Bäume hängen, wie er sie abreißt und dann auf die Erde wirbeln lässt. Das Gras, in das die Blätter fallen, schwingt im Rhythmus des Windes...

Während du auf die kleine Dorfkirche zugehst, bemerkst du, wie die alte Kirchentür im Wind ächzt und klappert. Auf der rechten Seite der Tür ist ein alter und rostiger Sperrriegel. Du hebst ihn an und öffnest die Tür. Du trittst ein und schließt sorgfältig die Tür hinter dir. Jetzt kannst du die Geräusche des Windes nicht mehr hören. Alles ist ruhig und still. Die kleine Kirche erscheint dir sehr schön. Die Bänke sind aus Eichenholz, und vor jeder Bank ist ein schmales Brett angebracht, damit wir in Andacht niederknien können. Das Licht, das durch die bunten Glasfenster scheint, wirft geheimnisvolle Bilder auf Wände und Fußboden. Am Ende des Kirchenschiffes befindet sich der Altar, bedeckt mit einem grünen Tuch. Darauf steht ein einfaches Kreuz und zwei Leuchter mit weißen Kerzen.

Geh langsam zu einer der Bänke und finde deinen Platz. Nimm mit jedem Atemzug die Ruhe dieses Raumes in dich auf, in der du nichts mehr hörst von dem tosenden Wind da draußen. Kannst du hier Parallelen entdecken zu deinem Leben? Du musst vermutlich immer wieder durch Lärm und Tumult hindurchgehen, um dein inneres Zentrum der Stille zu finden, und um jene leise, ruhige Stimme in deinem Innern zu hören. Wenn wir von den Stürmen des Lebens zerzaust sind, dann kommt es uns vielleicht jedes Mal wie ein Wunder vor, dass wir unser eigenes inneres Zentrum der Ruhe wiederfinden können. Es ist gut zu wissen, dass wir jederzeit nach innen gehen können, um vollständig allein zu sein, abgeschirmt von der Außenwelt. Und wenn wir sie gefunden haben, dann spüren wir ihre Gegenwart und die tiefe Freude, die sie uns schenken kann...

Lass dir noch etwas Zeit, um die Möglichkeiten auszunutzen, die du hier findest. Vielleicht möchtest du tief in dich hineinhorchen; vielleicht möchtest du einfach hören, was dir das Schweigen der kleinen Dorfkirche zu sagen hat... (1 Minute)

Wenn du bereit bist, dann erhebe dich von deiner Bank und geh zurück zur Tür. Öffne sie und geh wieder hinaus in den windigen Herbsttag...

Komm jetzt langsam mit deinem Bewusstsein hierher zurück... Bemerke deinen Körper, wie du hier auf deinem Stuhl sitzt... Atme jetzt etwas tiefer und schneller... Reck und streck dich ein wenig und sei wieder hier, erfrischt und wach...

DER HIMMEL

Manchmal haben wir ein Bedürfnis nach Leichtigkeit, nach innerer Weite, nach Zeitlosigkeit. Wir möchten einfach da sein und existieren, ohne Hoffnung, ohne Bedauern.

Diese Phantasiereise löst uns für ein paar Minuten von allem Schweren und Belastenden. Sie erfrischt uns und bestätigt uns unsere innere Verbindung mit der Natur.

ANLEITUNG

Setz oder leg dich bequem hin und schließ deine Augen. Atme einmal tief aus und lass alle Anspannung und alle ablenkenden Gedanken los...

Stell dir vor, es ist ein Nachmittag zur Sommerzeit, und du liegst in einer duftenden Wiese. Das Gras ist ganz weich unter dir. Du hörst Vogelstimmen und das Summen der Insekten. Du fühlst dich an die besten Tage deiner Kindheit erinnert, als du angefangen hast, dir die Welt zu erobern, und wo es so viel zu entdecken gab...

Du liegst auf deinem Rücken und schaust nach oben in den Himmel. Er ist vollständig klar, wolkenlos und tiefblau. Gestatte dir, diesen unermesslich weiten Himmel zu betrachten... Nun kreuzt ein Schmetterling dein Gesichtsfeld. Du siehst, wie leicht sich der Schmetterling bewegt und wie fein seine Flügel gezeichnet sind. Dann verschwindet der Schmetterling...

Nun kommt etwas anderes in dein Blickfeld. In großer Höhe erkennst du die Silhouette eines Adlers, der sich von der warmen Sommerluft in großen Kreisen hoch in den Himmel treiben lässt – höher und immer höher... Während du dem Flug des Adlers mit deinem Blick folgst, hast du das Gefühl, selbst tiefer und tiefer in den blauen Himmel einzudringen... Der aufsteigende Adler hat deinen Blick ganz nach oben gezogen. Der Adler ist nun zu einem winzigen Punkt geworden, der sich in dem dunklen Blau verliert. Jetzt siehst du ganz oben am Himmel und sehr weit weg eine kleine weiße Wolke, die langsam über den Himmel zieht. Schau ihr nach und sieh, wie sie sich ganz sacht auflöst, bis schließlich nur der unendliche Himmel über dir ist...

Und nun sei für eine kurze Weile selbst der Himmel – schwerelos, zeitlos und endlos... Du umschließt alles, du durchdringst alles, du bedeckst Ozeane und Kontinente, du bist eine perfekte, schützende Hülle für die Erde...

Wenn du bereit bist, komm mit deinem Bewusstsein wieder zurück auf die Erde. Zunächst auf die Sommerwiese und dann hierher in diesen Raum... Reck und streck dich ein wenig, atme einmal tief aus... Öffne die Augen und sei wieder hier, erfrischt und wach...

ATEM DES LEBENS

Bewusstes Atmen ist nicht nur die beste Möglichkeit, um uns gesund zu erhalten und Stress abzubauen, es ist darüber hinaus ein einfacher spiritueller Akt, der uns mit der Natur verbindet.

ANLEITUNG

In jedem Atemzug kannst du ein Kaleidoskop von Gefühlen erleben – Liebe, Gemeinschaft, Stärkung, Unendlichkeit, Angst, Ekstase und vieles mehr...

Atme jetzt bitte einmal aus und warte ein paar Sekunden, ehe du wieder einatmest...

Nun atme wieder aus und mach eine Pause, bevor du einatmest. Mach die Pause so lang, wie du möchtest und bemerke, was geschieht...

Und wenn du schließlich wieder einatmest, dann achte auf alle deine Empfindungen. Was erlebst du? Spüre das Gefühl der Erleichterung in allen Nuancen...

Experimentiere nun mit der Pause am Ende des Einatmens und am Ende des Ausatmens. Welche Pause kannst du mehr genießen? Die Pause am Ende des Einatmens oder die Pause am Ende des Ausatmens? Oder genießt du den Mittelteil mehr, wenn dein Atem ganz langsam strömt?...

Lass dir noch einen Augenblick Zeit, um das sinnliche Erlebnis des Atmens zu erforschen, auch wenn du vielleicht nur ganz zarte Empfindungen spürst... (1 Minute)

Du hast eben erlebt, wie abhängig du von dem Ökosystem der Erde bist, wie abhängig von jedem Luftmolekül, das du einatmest. Du würdest in wenigen Minuten sterben, wenn du aufhörtest zu atmen, und diese Vorstellung allein kann tiefe Angst in uns auslösen...

Und umgekehrt ist jeder Atemzug von dir oder von irgendjemandem sonst ein unbewusster Dank an das Universum, eine Bestätigung unserer tiefen Verbundenheit mit jeder noch so kleinen Alge im Ozean, mit jeder Pflanze auf irgendeinem der Kontinente, mit jedem winzigen Sonnenstrahl, der auf die Erde fällt... Die Luft zirkuliert so frei um die Erde herum, dass jeder Atemzug Moleküle enthält, die durch die Lungen und das Herz unendlich vieler Lebewesen gegangen sind, Konfuzius hat diese Luft geatmet, Hildegard von Bingen und die Dinosaurier, deren Skelette du im Museum bestaunen kannst. Alles, was hier gelebt hat, war auf den Sauerstoff angewiesen, aber nur wir Menschen können dankbar dafür sein. Und irgendwann ist den Menschen das Wunder des Atmens bewusst geworden, als sie sich etwas Zeit nahmen, um darüber nachzudenken – in ihrer Höhle oder in der Steppe, und sobald sie über die passenden Worte verfügten. Aber noch heute ist es unmöglich, vollständig mit Worten zu beschreiben, was der Atem für uns bedeutet. Wir erleben es, wenn wir lernen, bewusst zu atmen und unseren Atem zu genießen...

Und wenn du bereit bist, komm mit deiner Aufmerksamkeit hierher zurück... Reck und streck dich ein wenig und atme einmal tief aus... Öffne die Augen, erfrischt und wach...

ERDTRÄUME

Wir sind Kinder der Erde, und den größten Teil unserer Geschichte haben wir in enger Verbindung mit dem Land, mit Himmel und Sternen, mit Bäumen und Tieren gelebt. Auch die Religion ist ohne das Mitwirken der Erde undenkbar. Moses hat die zehn Gebote auf dem Berg Sinai erhalten, in der kargen Einsamkeit eines Wüstenberges. Und in vielen Initiationsriten gehen die jungen Männer in die Wildnis, um dort ihr Totem zu finden.

In dieser Phantasiereise laden wir die Teilnehmer ein, an diese alte Tradition anzuknüpfen und sich überraschen zu lassen, welche Hinweise, welche Botschaften ihnen die Erde in einem Tagtraum geben kann.

Voraussetzung: ein warmer Sommertag, an dem große, flauschige Wolken über einen blauen Himmel ziehen.

ANLEITUNG

Aus deiner Kinderzeit weißt du, dass die Natur dich immer wieder zum Träumen verführt hat. Du hast dann deine nüchterne Beobachtung ausgetauscht gegen deine Fähigkeit zu Tagträumen, z. B. wenn du abends am Lagerfeuer gesessen hast und in die flackernden Flammen schautest oder später in die rote Glut. Vielleicht hast du dann abenteuerliche Gesichter gesehen, goldene Städte und fremde Länder. Vielleicht hast du dich plötzlich in einer anderen Zeit wiedergefunden und bist hoch zu Ross in die Welt geritten, um mit Drachen zu kämpfen, um die Königstochter zu befreien, oder du hast mit einer bösen Stiefmutter gekämpft und es am Ende geschafft, den Prinzen zu heiraten.

Oder du hast am Ufer eines Baches gesessen und zugeschaut, wie das Sonnenlicht von dem Wasser in immer neuen Mustern reflektiert wurde. Du hast dem Murmeln der Strömung zugehört, bis du angefangen hast zu träumen. Du kannst dich darauf verlassen, dass die Natur immer wieder alles miteinander verbindet. Die Natur spricht unsere Gefühle an, sie weckt in uns Sehnsucht und Mut, Abenteuerlust und Hingabe, Liebe und Hoffnung...

Und welche Erfahrung hast du mit den Wolken gemacht? Die Natur schickt die Wolken nicht nur, damit es regnet, sondern auch, um unsere Phantasie anzuregen. Als Kind wusstest du das, aber vielleicht hast du es vergessen. Jetzt darfst du dich daran erinnern und wieder Kind sein. Nimm dir gleich eine Decke und leg dich draußen irgendwo ins Gras. Bitte ignoriere die kritischen Stimmen deines rationalen Ego, das vielleicht um deine Vernunft besorgt ist. Schau in den Himmel und betrachte die Wolken, die vorüberziehen... Blende alles andere aus deinem Gesichtskreis aus und sieh, wie die Wolken majestätisch vorbeiziehen, wie sie sich verändern, wie sie sich überlagern oder auflösen... Betrachte das Spiel von Licht und Schatten... Benutze deine Phantasie, um in diesen vieldeutigen Formen Bilder zu sehen. Was siehst du dann?... Das Gesicht einer Prinzessin?... Die Gestalt von Göttervater Zeus?... Reiter, die über die Steppe galoppieren?... Einen großen Pudel?... Einen Drachen?... Die Türme einer Stadt?... Lass solche Bilder entstehen und lass deinen Assoziationen freien Lauf... Und vielleicht ist es für dich ausreichend, diese Wolken wie einen surrealistischen Film zu betrachten mit Bildern, die nicht miteinander verbunden sind... Vielleicht entdeckst du, dass dieser Film ein Thema oder eine einfache Handlung hat... Vielleicht machst du aus diesen Bildern, die du siehst, eine Kurzgeschichte oder ein Gedicht... Und es kann auch sein, dass dich die Wolken ganz nach innen tragen, sodass du einen Tagtraum hast, an den du dich später vielleicht erinnerst oder den du vergisst... Sei ganz offen für deine innere Reaktion und sei ganz offen für das Ergebnis... (30 Minuten)

Du hast 30 Minuten Zeit. Ich werde dann ein Glöckchen läuten, das dich bittet, wieder zurück zur Gruppe zu kommen.

Die Geister
rufen

Wenn Sie mit einer Gruppe arbeiten, die neugierig ist und bereit zu ungewöhnlichen Experimenten, die geeignet sind, Kreativität und Intuition zu steigern, dann ist dies eine passende Phantasiereise. Der Gruppenleiter gibt nur einen Rahmen vor, und die Phantasiereise entsteht interaktiv zwischen der Natur und den Teilnehmern. Ein guter Rahmen ist z. B. ein Wald, und die beste Zeit ist die Abenddämmerung oder eine neblige Morgenstunde.

Anleitung

Ich möchte dich dazu einladen, dein rationales Bewusstsein für eine Stunde aufzugeben, um deine Phantasie zu benutzen. Du weißt, dass für unsere Vorfahren die Erde und alles, was darauf ist, beseelt war. Für sie hatten Felsen und Quellen, Himmel und Erde eine Stimme. Für sie konnte das Unsichtbare sichtbar werden. Wie im Märchen begegneten ihnen Geister und Götter, Zwerge und Elfen. Zum Glück haben wir uns etwas von dieser Fähigkeit bewahrt. Im Traum kommunizieren wir mit der Natur, und in Trance hören wir das sonst Unhörbare.

Jetzt möchte ich dir beschreiben, was du gleich tun sollst: Such dir irgendeinen geheimnisvollen Platz draußen im Wald. Gut ist z. B. ein Platz, wo die dichten Äste der Bäume ein geheimnisvolles Dämmerlicht erzeugen. Sehr interessant ist ein einzeln stehender Baum, ein großer Busch, ein Findling oder eine Felsgruppe. Such dir einen Platz, wo es so still wie möglich ist, wo du keine menschlichen Stimmen, keine Motoren und keine anderen von Menschen verursachten Geräusche hörst. Behandle diesen Platz respektvoll, wie wenn du eine alte Kathedrale betrittst. Dann setz dich bequem hin und schweige... Atme still und ruhig... Klatsche zweimal in die Hände, um die Geister, die an diesem Ort leben, anzurufen, damit sie sich dir zu erkennen geben. Wenn du in die Hände geklatscht hast, dann bleib ganz still sitzen und warte ab... Und begib dich auf eine ganz besondere Phantasiereise. Stelle deinen normalen

Zweifel an solchen Dingen zurück und sei einfach neugierig. Sitze ruhig und erwartungsvoll da... Erwarte, dass sich die Geister dieses Ortes auf irgendeine Weise zu erkennen geben. Niemand kann mit Sicherheit sagen, ob es hier Geister gibt. Niemand kennt die Geschichte dieses Ortes und die interessanten Ereignisse, die hier vielleicht stattgefunden haben. Und wenn du zum ersten Mal versuchst, das Unsichtbare zu sehen, dann achte auch auf die kleinsten Hinweise: ein unerklärliches Rauschen der Blätter oder des Grases, ein winziger Luftzug, ein plötzliches Kälte- oder Wärmegefühl auf deiner Haut oder eine Veränderung deiner Stimmung oder deiner Gefühle... Manchmal kannst du auch bemerken, dass sich deine Haare sträuben oder dass es dir kalt den Rücken herunterläuft, oder du spürst, wie dein Herz mit einem Mal schneller schlägt...

Du wirst eine völlig offene Phantasiereise erleben. Ich werde dir keine Vorschläge machen und deine Phantasie nicht durch Bilder oder Symbole anregen. Diesen Part übernimmt die Natur, übernehmen die Geister dieses Ortes. Und niemand weiß, was geschehen wird. Vielleicht bekommst du Besuch von Erdgeistern; vielleicht wirst du von Elfen oder Zwergen begrüßt oder von den Geistern der Tiere oder jener Personen, die vor dir hier waren...

Und wenn du eine Stunde still dagesessen hast, dann steh einfach auf und verlasse diesen Platz. Was immer deiner Meinung nach geschehen ist, bedanke dich bitte bei allen sichtbaren und unsichtbaren Lebensformen dafür, die vielleicht gegenwärtig waren. Wenn du weggehst, dann schalte von deinem mythischen Bewusstsein bitte um auf dein normales Alltagsbewusstsein. Wenn du dich etwas verwirrt fühlst oder töricht, dass du diesen Versuch unternommen hast, dann schenke dir selbst ein Lächeln. Nur dein rationales Ego ist unruhig geworden und vielleicht erschrocken darüber, dass du seine Grenzen überschreiten wolltest. Denke daran, dass dein Bewusstsein nicht auf dein Ego beschränkt ist. Dein Ego hat seine Perspektive, und daneben gibt es viele andere. In einer anderen Kultur und in einer anderen Zeit würde dein Verhalten sehr geschätzt und sogar erwartet werden.

Wenn du einen solchen Versuch zum ersten Mal machst, dann darfst du dich ruhig wie ein Anfänger fühlen, der zum ersten Mal an einem Konzertflügel sitzt. Er schaut auf die Tastatur, und er kann einzelne Töne anschlagen. Eine richtige Melodie aber wird ihm in den meisten Fällen erst nach einiger Zeit des Übens gelingen... (1 Stunde)

Leben und Sterben

Unsere Entfremdung von der Natur drückt sich auch darin aus, dass wir unseren Körper weniger kennen als unseren Computer. Wir haben verlernt, uns mit unserem Körper zu unterhalten und zu bemerken, was er uns zu sagen hat. Die Konsequenz dieser Entfremdung ist Angst, ein Rückgang der persönlichen Vitalität und eine untergründige Furcht vor dem Sterben und vor Schmerzen, sowie ein tiefes Misstrauen gegenüber dem Leben.

Diese Phantasiereise verbindet unser Bewusstsein mit unserem Körper und lädt uns dazu ein, einen ungewöhnlichen Dialog zu beginnen.

Anleitung

Setz dich bequem hin und schließ deine Augen... Komm innerlich zur Ruhe, sodass du jene feine Grenze zwischen deiner Schädeldecke und der Kopfhaut spüren kannst... Lass dir Zeit und geh mit deinem Bewusstsein ganz nach oben, dorthin, wo dein Körper dem Himmel am nächsten ist... Spüre die Härte des Knochens und die Weichheit deiner Kopfhaut...

Und nun spüre deinen Empfindungen weiter nach – in deinen Augenbrauen und um die Augen herum, in deinen Wangen, hinter den Ohren und im Innern von Lippen, Zunge und Mund... Spüre, wie sich die Zähne in deinem Mund anfühlen... Beobachte einfach, während du durch deinen Körper gehst, wie ein Nachtwächter, der in alten Zeiten abends Lampe um Lampe zum Leuchten brachte...

Nun geh weiter zu deiner Kehle... Bemerke die feuchte Wärme... Vielleicht fühlt sie sich angespannt an; dann kannst du dir darüber klar werden, dass dies ein Hinweis auf Angst ist... Bemerke auch die Empfindungen in deinen Nackenmuskeln und Schultern... Spüre das Gewicht deiner Arme... Dann geh mit deinem Bewusstsein die Arme hinunter bis in jeden einzelnen Finger... Vielleicht kannst du in den Fingerspitzen ein Kribbeln oder sogar den Schlag deines Herzens spüren...

Und dann geh mit deinem Bewusstsein in deinen Leib... Spüre, wie sich die großen Organe anfühlen: Herz, Lunge, Magen, Leber, Nieren und Blase...

Geh weiter zu deiner Wirbelsäule und spüre die unterschiedlichen Empfindungen von Wirbel zu Wirbel...

Du musst dabei nichts Besonderes tun, es reicht aus, wenn du offen bist und bemerkst, was dein Körper mitzuteilen hat... Alle diese Empfindungen kannst du für den Dialog mit deinem Körper nutzen...

Geh weiter in den unteren Teil deines Bauches... Finde heraus, wo du Spannungen findest oder Offenheit... Sei zufrieden, dass du jetzt so aufmerksam auf die Signale deines Körper hörst, die du früher nicht so deutlich bemerken konntest... In deinem Körper kannst du das Geheimnis des Lebens unmittelbar erleben...

Geh nun langsam weiter in deine Beine... Bemerke Knie und Knöchel bis zu den Mittelfußknochen, die das Wunder bewirken, dass du aufrecht gehen und stehen kannst... Spüre die Empfindungen in jedem Zeh und in den Fußsohlen...

Aber du kannst diese Technik auch anders einsetzen. Du kannst nämlich üben, diese Empfindungen in deinem Körper auszublenden. Das kann praktisch sein, wenn du Schmerzen hast und hilfreich, wenn die Zeit kommt, in der dein Leben zu Ende geht... Geh mit deinem Bewusstsein nun von unten nach oben und beobachte, wie sich die Empfindungen auflösen... Dein Bewusstsein strömt dann höher und höher hinauf und erlebt immer mehr Freiheit und Grenzenlosigkeit... Lass alle Empfindungen verschwinden, als ob der betreffende Teil deines Körpers sich auflösen würde...

Geh weiter bis ganz nach oben, bis zum Scheitel deines Kopfes... Vielleicht ist dies die Stelle, aus der unsere Seele am leichtesten den Körper verlassen kann, wenn die Stunde unseres Todes gekommen ist... Stell dir vor, dass die Lebenskraft dort oben einen Ausgang findet, wenn alle Empfindungen verlöschen...

Nun kannst du einmal tief einatmen und dein Bewusstsein wieder in alle Teile deines Körpers Einzug halten lassen... Danke deinem Bewusstsein, dass es auf so wunderbare Weise mit deinem

Körper zusammenarbeitet... wenn du schläfst und wenn du wach bist... in Gesundheit und Krankheit... Und ganz sicher verbindet es dich auch mit deiner Seele, d. h. mit jenem Teil, der nicht geboren wurde und der nicht stirbt, und mit dem du eingebunden bist in die Geschichte dieses Universums...

Komm nun mit deiner Aufmerksamkeit bitte wieder hierher zurück... Reck und streck dich ein wenig und atme einmal tief aus... Öffne die Augen und sei wieder hier, erfrischt und wach...

Ein Geschenk der Erde

Wenn Ihre Gruppe nach angestrengter Arbeit eine Erfrischung braucht oder wenn die Teilnehmer zu Beginn des Arbeitstages gemeinsam konzentrierte Energie entwickeln wollen, dann ist dies eine schöne Übung. Optimal wirkt diese Phantasie, wenn die Teilnehmer im Freien sein können, sodass sie die Chance haben, etwas von den Magnetfeldern der Erde zu spüren. Am besten eignet sich ein felsiger Untergrund, da hier der Energiefluss zwischen Erde und Himmel am stärksten ist.

Anleitung

Stell dich bequem hin und schließ die Augen. Achte darauf, dass dein Körper eine gute Balance findet und dass du einen sicheren Stand hast. Schenke Augen und Ohren eine kleine Pause und lass deine Aufmerksamkeit nach innen wandern... Bemerke deinen Körper, bemerke, wie du atmest, und bemerke, wie dein Herz schlägt – langsam und gleichmäßig...

Nun mach dir klar, dass die Erde, auf der du stehst, eine riesige Kugel aus Energie ist, an der du teilhast, sodass du dich sicher und lebendig fühlen kannst. Stell dir vor, dass die Energie der Erde summt und brummt oder dass sie warm ist und leuchtend...

Entspanne deine Füße und spüre, wie die Energie der Erde ganz sanft in deine Füße strömt...

Entspanne deine Knöchel und lass die Energie sanft deine Beine hinaufströmen. Lass deine Knie locker werden und spüre, wie die Energie der Erde höher und höher in dir emporsteigt...

Und nun lass diese Energie in dein Becken fließen, sodass du überall in deinem Bauch die Energie der Erde spürst, vielleicht als Wärme, vielleicht als feine Vibration...

Spüre, wie die Energie der Erde weiter hinaufströmt in deinen Magen... in deine Brust... in deine Kehle...

Und nun öffne dich noch ein klein wenig mehr und lass diese Energie weiter in dir hochsteigen bis zu deinen Augen und aus deinen Augen wieder hinaus... Lass sie deinen Kopf anfüllen und ganz oben aus dem Dach deines Schädels wieder hinausfließen... an dir herab und wieder zurück in die Erde...

Spüre, wie die Energie der Erde durch deinen ganzen Körper hindurchströmt und in einem schönen Kreislauf in die Erde zurückkehrt...

Diese Energie der Erde ist immer für dich da... Sie ist unerschöpflich und unendlich, und immer wenn du sie brauchst, kannst du sie als ein Geschenk der Erde in dich hereinströmen lassen... Du kannst dich beschenken lassen, weil du ein Kind dieser Erde ist...

Atme nun einmal tief aus... Reck und streck dich und öffne die Augen... Sei wieder hier, erfrischt und wach.

Atmen
wie ein Baum

Jeder Gruppenleiter sollte einen großen Vorrat an Atemübungen haben. Besonders wenn die Gruppe sitzend arbeitet, verfallen die meisten Teilnehmer nach kurzer Zeit in flaches Atmen. Auf diese Weise wird die natürliche Spontaneität gedämpft, weil Gefühle und Reaktionen „aus dem Bauch" eher ausgeschaltet werden. Nach einiger Zeit tritt dann meist Müdigkeit und Langeweile auf. Ich persönlich ziehe es vor, wenn eine Gruppe weniger zahm und kontrolliert agiert. Ein Schuss Chaos erhöht die Qualität jeder Gruppenarbeit.

Hier haben Sie eine schöne Atemübung, die allen das Empfinden gibt, nicht nur über genug Sauerstoff zu verfügen, sondern auch über einen emotionalen Kontakt zu Erde und Kosmos.

Anleitung

Setz dich bequem hin und schließ deine Augen. Bemerke den natürlichen Rhythmus deines Atems, wenn die Luft hereinströmt und deine Lunge dann wieder verlässt...

Bemerke die unterschiedliche Temperatur der Luft, wenn sie in deine Nase hereinströmt und sie wieder verlässt... Bemerkst du, wie du beim Einatmen deinen Kopf kühlst und wie du deine Lunge beim Ausatmen von all der verbrauchten Luft befreist, die keinen lebensspendenden Sauerstoff mehr enthält?...

Staune über die Zuverlässigkeit und Weisheit deines Körpers. Ohne dass du darüber nachzudenken brauchst, weiß er, wie oft er atmen muss, und er kennt das Geheimnis, wie er all den Sauerstoff aus der Luft holen kann, den du brauchst, um deine Zellen am Leben zu erhalten. Und dein Körper kennt auch das Geheimnis, das Kohlendioxid zu sammeln und auszuatmen, das deinen Körper vergiften würde...

Nun mach dir klar, dass alles Grüne – die Algen im Meer und die Blätter der Bäume – den Sauerstoff bildet, den du mit der Luft einatmest. Du revanchierst dich dafür, denn beim Ausatmen schenkst du der Vegetation der Erde das Kohlendioxid, das die Pflanzen für ihr Wachstum brauchen...

Mach dir klar, dass die Luft, die du in diesem Augenblick einatmest, diesen Planeten schon unendlich oft umkreist hat. Kannst du dir vorstellen, wie viele andere Lebewesen diese Luft vor dir eingeatmet haben? Und wie viele die Luft, die du selbst ausatmest, nach dir atmen werden?... Bemerke, wie du dich fühlst, wenn du daran denkst, dass wir alle uns die Luft teilen. Es gibt nur einen großen Ozean an Luft, in uns und um uns herum, und die Luft verbindet uns überall und zu jeder Zeit... Atmend leisten wir unseren Beitrag zum Leben auf der Erde, und atmend profitieren wir von dem Leben auf diesem Planeten...

Lass dir ein wenig Zeit, um aufmerksam zu atmen. Vielleicht möchtest du deinen Dank ausdrücken dafür, dass die Natur oder die höhere Macht, die dich hält, es so eingerichtet hat, dass es diese wunderbare Wechselbeziehung zwischen Tieren und Pflanzen gibt. Atmend tragen sie alle dazu bei, dass das Leben weitergeht...

Stell dir einen Augenblick vor, welche ungeheuren Luftmassen ständig unseren Planeten umkreisen. Alle Regionen dieser Erde, alle Klimazonen – heiße und kalte, trockene und feuchte – sorgen dafür, dass die Lufthülle unserer Erde in Bewegung ist und sich regenerieren kann. Es wird dir nicht schwerfallen anzuerkennen, dass die Luft, die du atmest, wertvoll ist. Kannst du so weit gehen, dass du diese Luft als etwas Heiliges betrachtest? Und wenn du dazu bereit bist, kannst du dich fragen, was du dazu beitragen kannst, dass diese kostbare Lufthülle unseres blauen Planeten geschützt wird?...

Und nun komm mit deinem Bewusstsein wieder hierher zurück. Reck und streck dich, spüre deinen Körper und öffne deine Augen... Sei wieder präsent, erfrischt und wach...

Flow
Geniessen

▼ Hier können die Teilnehmer etwas erreichen, was im Alltag schwer zu bewerkstelligen ist. Sie können ihr bewusstes Denken ausschalten und in tiefe Trance gehen. Die Grenzen zwischen unserem Ich und der Welt lösen sich auf, sodass das Ich mit dem Nicht-Ich verschmilzt. Ein solcher Zustand ist besonders regenerativ und eine Wohltat für die Seele. Das Zeitempfinden verändert sich, die Zeit scheint stillzustehen. In solchen Augenblicken bestätigt sich unsere Hoffnung, dass etwas in uns unsterblich ist.

Anleitung

Mach es dir auf deinem Stuhl bequem und schließ deine Augen... Während du ruhig und gleichmäßig atmest, kannst du in deinem Inneren jene magische Tür öffnen, durch die du den Zugang zu den Tiefen deines Geistes findest... Stell dir vor, dass hinter dieser Tür eine Treppe mit vielen Stufen beginnt, die dich tiefer und tiefer hinabführt... Auf jeder Stufe kannst du dich etwas mehr entspannen, bis du schließlich am Ende der Treppe angekommen bist... Dort findest du ein dunkles Wasser und ein kleines Boot, das mit weichen Kissen ausgestattet ist. Du steigst ein und legst dich bequem hin. Eine leichte Strömung erfasst das Boot und führt es durch einen steinernen Tunnel, an dessen Ende du das Tageslicht siehst... Jetzt hast du den Tunnel hinter dir zurückgelassen... Die Sonne und eine sanfte Brise tun deinem Körper gut. Du hörst das leise Plätschern des Wassers und ab und zu einen springenden Fisch... Über dir und an den Ufern hörst du das Singen der Vögel. Wenn du dich tiefer und tiefer entspannst, kannst du das frisch gemähte Gras riechen, und du spürst den Duft von Lavendel, Kamille, Salbei und Majoran...

Vielleicht möchtest du deinen Arm ins Wasser hängen lassen, sodass du das kühle Wasser auf deinen Fingern spürst, Wasser, das so klar und sauber ist, dass du deine Lippen damit benetzen kannst...

Lass dich in dem Boot weitertreiben einen kleinen Fluss hinab, schläfrig, verträumt, und eine Spur neugierig...

Ganz leicht berührt dein Boot jetzt das Ufer. Du steigst aus und gehst durch das weiche, hohe Gras einer Wiese. Du hörst, wie das Gras flüstert, wenn es vom Sommerwind bewegt wird...

Nun siehst du einen schönen großen Schattenbaum vor dir mit einem starken Stamm und mit dicken Ästen. Der Baum scheint sehr alt zu sein. Einige seiner Wurzeln streben nach den Seiten, und sie sind mit dickem, dunkelgrünen Moos bedeckt. Hier streckst du dich aus und deinen Kopf bettest du auf das weiche Moos. Dein Körper genießt den weichen Untergrund von Gras und trockenem Humus. Das ist ein Ort, wo du dich richtig wohlfühlen kannst... Um dich herum bemerkst du überall Leben: die Bewegungen der Kaninchen im hohen Gras, die Eichhörnchen, die von den Ästen des Baumes herabschauen, den Wind, der die Blätter rascheln lässt. All das ist so friedlich, beruhigend und natürlich...

Du fühlst dich mit allem verbunden. Du gehörst einfach dazu, und es scheint dir, als hättest du schon seit einer Ewigkeit hier gelegen – unter dem Baum und an diesem Platz... Mehr und mehr hast du das Empfinden, dass du ein Teil dieser Natur bist... du spürst, dass da ein Ganzes ist...

Wenn du deinen Körper auf diese Weise spürst, dann kannst du nicht mehr sagen, wo dein Hinterkopf beginnt und wo die bemooste Wurzel des Baumes beginnt, oder wo die Wurzel des Baumes endet und wo dein Kopf beginnt... Und du vergisst auch, wo die anderen Teile deines Körpers beginnen und wo die Erde darunter anfängt, weil dein Empfinden für Grenzen mehr und mehr schwindet... Genauso geht es dir mit der Luft und mit den Geräuschen... Es ist zunehmend unwichtiger, ob du Geräusche aus deinem Inneren hörst oder von außen... Außen und innen werden immer austauschbarer... Du vergisst, dass es Teile gibt und Grenzen, und spürst zunehmend das Ganze, Harmonie und Schönheit... Und du fühlst dich in dieser Einheit geborgen...

Das Bewusstsein dieser Einheit lässt dich das Geheimnis des Lebens spüren... Eine strömende Wärme, eine Weite, ein inneres

Mitschwingen. Mit dem Herzen weißt du, wie kostbar dieser Augenblick ist, der sich so anfühlt wie die Ewigkeit, und wie schön dieser Platz ist, den du auch Unendlichkeit nennen könntest... Du empfindest ein Glück, das du gar nicht gesucht hast und das doch eine Antwort ist auf alle Hoffnungen, die dich jemals bewegt haben... Vielleicht bist du dankbar für das Gefühl dieser Einheit, aber vielleicht ist dein Bewusstsein schon so weit jenseits von Zeit und Raum, dass du längst vergessen hast, dass es etwas anderes gibt als diese Weite, Stille und Tiefe... Und du vergisst meine Stimme, du vergisst, dass du je Stimmen gehört hast oder dass du je wieder eine Stimme hören wirst, denn du bist eingewickelt in ein tiefes Schweigen, das so alt ist wie die Erde selbst...
(2 Minuten)

Und wenn du mich jetzt wieder hörst, wirst du langsam anfangen, dich wieder selbst zu spüren, und Schritt für Schritt kehrt das Bewusstsein für deinen Körper zurück... Aber du wirst die Erinnerung an dieses Erlebnis behalten, und du weißt, dass du das wiederfinden kannst, was du jetzt hinter dir zurücklässt... Du verlässt, was hinter dir liegt, um das zu finden, was vor dir liegt... Du spürst deinen eigenen Körper wieder, den Kontakt mit dem Boden und der Wurzel des Baumes... Mehr und mehr wirst du dir bewusst, dass du im Alltag Unterscheidungen machen und trennen musst zwischen innen und außen, zwischen oben und unten, zwischen nah und fern...

Und wenn du deinen Körper wieder vollständig spürst, dann kann das Bild des Baumes und der Wiese in deinem Bewusstsein verblassen... Bleibe in deiner tiefen Entspannung und behalte deine Bereitschaft zur Offenheit, behalte die Fähigkeit, dein Zeiterleben zu verändern... Ich werde gleich Musik für dich spielen. Auch wenn diese Musik nur ein paar Minuten zu hören ist, kann es dir so vorkommen, als hörtest du diese Musik sehr, sehr lange... Du kannst wieder das Empfinden von Unendlichkeit erleben... Du kannst dich in der Musik verlieren, und die Musik wird sich in dir verlieren... Du wirst wieder eine Einheit erleben, und vielleicht wirst du das Empfinden haben, dass hier jene geheimnisvolle

Musik hörbar gemacht wird, die seit Anbeginn der Welt Himmel und Erde miteinander verbunden hat und alles, was dazwischen ist...

Jetzt werde ich diese Musik für dich spielen...

Nun kannst du Schritt für Schritt zu deinem Alltagsbewusstsein zurückkehren. Bring alles mit, was für dich wertvoll ist und was du im Augenblick behalten möchtest...

Reck und streck dich ein wenig und atme einmal tief aus... Öffne die Augen und sei wieder hier, erfrischt und wach...

(Musikvorschlag: Gluck, Ballett in d-Moll, aus der Oper „Orpheus und Eurydike"; NAXOS 8.550741, „Romantic Music for Flute and Harp".)

Ein Fest
der Sinne

Mit dieser langen Übung, die unbedingt im Freien durchgeführt werden muss, versuchen wir, den Teilnehmern eine besondere Erlebnisperspektive zu ermöglichen. In verschiedenen Schritten leiten wir sie an, ihre Umgebung als einen zeitlosen, mythischen Platz zu erforschen. Nach verschiedenen vorbereitenden Schritten haben die Teilnehmer eine Stunde Zeit, ihre Umgebung in einem neuen Bewusstsein zu erkunden und eine ganz neue Verbundenheit mit der Erde zu erleben. Gleichzeitig findet ein einfaches, rituelles Mahl statt. Auf diese Weise wird indirekt auch die Verbundenheit in der Gruppe betont. Wesentlich ist, dass während der ganzen Zeit nicht gesprochen wird.

Die Kombination von Phantasiereise und Ritual bietet einen intensiven und überraschenden Zugang zur Natur. Wir treten der Natur nicht mehr, wie üblich, gegenüber, sondern tauchen in sie ein. Anschließend muss dann Zeit sein für einen Reaktionsaustausch.

Anleitung

Mach es dir bequem und leg dich ins Gras. Sorge dafür, dass deine Kleidung locker ist, damit du gut atmen kannst... Nun schließ die Augen und beginne langsam und tief zu atmen... Bemerke, wie dein Bauch mit deinem Atem steigt und fällt und wie du dich mit jedem Atemzug mehr und mehr entspannst... Vielleicht empfindest du Schwere, vielleicht empfindest du Leichtigkeit, vielleicht spürst du, dass deine Grenzen durchlässiger werden, dass du etwas in den Boden unter dir hineinsinkst oder dass du auf geheimnisvolle Weise anfängst, über dem Boden zu schweben...

Lass deine Entspannung tiefer und tiefer werden... Lass die Entspannung in dir hochsteigen – in deine Füße und Beine und weiter zu deinen Schenkeln und deinem Becken... Spüre, wie sich dein Becken öffnet und locker und weich wird... Lass auch deine Brust locker werden und spüre, wie dein Herz schlägt, wie dein Atem kommt und geht... Lass deine Arme locker werden und deine Hände... Auch dein Nacken kann sich entspannen, dein Gesicht und dein Kopf... Lass die Muskeln um deine Augen herum locker werden... Gönn dir noch eine Minute, um dich tief zu entspannen, unter dir das weiche Gras, über dir der weite Himmel... Behalte dieses Empfinden von Weite und Entspannung, wenn du dich gleich langsam aufrichtest und dich hinstellst...

Öffne die Augen und betrachte zunächst den Himmel. Betrachte den Himmel so, als ob du ihn am Morgen der Schöpfung sehen könntest, als ob der Himmel zum ersten Mal mit menschlichen Augen gesehen würde...

Gestatte dir nun, alles in deiner Umgebung auf eine neue Art und Weise wahrzunehmen. So, als ob alles völlig neu für dich wäre. Deine Wahrnehmungen werden dich überraschen. Alles um dich herum wird dir vollständig frisch und einmalig erscheinen. Und wenn du dich jetzt hier umschaust, dann kannst du dir vorstellen, dass dies ein zeitloser, mythischer Platz ist. Belebte und unbelebte Dinge kommen dir so vor, als wären sie gerade eben erst entstanden, als wären sie Prototypen der Schöpfung Gottes, die ersten Exemplare ihrer Art...

Und lass dieses Gefühl stärker werden, dass du hier in einer Landschaft bist, die aus dem Märchen zu stammen scheint. Betrachte die Bäume... Betrachte sie genau und bemerke die besondere Form ihrer Blätter und wie kunstvoll sich Äste und Zweige nach allen Seiten strecken... Bemerke, wie jeder Baum ein Individuum ist, das sich harmonisch in das Ganze dieser schönen Szenerie einfügt...

Betrachte die Rinde eines Baumes... Betrachte ihre Zeichnung... Berühre die Rinde... Lerne sie mit deinen Fingerspitzen ganz neu kennen... Mit geöffneten und geschlossenen Augen... Rieche daran... Halte dein Ohr an die Rinde und lausche...

Gleich kannst du ein wenig herumwandern und die Erde und das Gras berühren. Leg dich ab und zu hin und schau in die Bäume und in den Himmel. Du kannst den Lufthauch um dich herum spüren, wenn du herumgehst oder wenn du stehen bleibst... Du hast dafür fünf Minuten messbarer Zeit, aber dir wird dieser Zeitraum sehr lange vorkommen. Geh herum und genieße die Schönheit dieses Platzes, und nach Ablauf dieser Zeit werden wir wieder zusammenkommen. Ich werde dann eine kleine Glocke läuten... (5 Minuten)

Mach dich nun noch intensiver mit diesem Platz vertraut und genieße seine Harmonie... Bemerke die Heiterkeit der Landschaft und lass dich von ihr durchdringen... Lass diese Heiterkeit in deinem Körper einen Platz finden, sodass sie immer da sein wird für dich...

Nun empfinde die Freude, die dieser Platz schenken kann... Freude, die dich umgibt... Freude, die in dir aufkommt und die immer stärker wird... Bemerke, dass diese Freude ein wesentlicher Teil von dir wird... Und jetzt bemerke den Boden unter dir... Spüre die Erde unter deinen Füßen... Steh ruhig da und hebe erst den einen Fuß und dann den anderen... Dann stell beide Füße fest auf die Erde... Und nun empfinde, wie aus deinen Füßen Wurzeln nach unten gehen, die tiefer und tiefer in die Erde dringen... Wisse, dass das symbolische Wurzeln sind. Sie machen dich nicht unbeweglich. Sie binden dich nicht an, sondern sie schenken dir Kraft und Vitalität...

Du weißt, dass diese symbolischen Wurzeln etwas ganz Reales bedeuten: Du fühlst eine tiefe Erfrischung und einen Zuwachs an Kraft. Du bist in der Erde verwurzelt, verbunden mit der Natur, zu der du immer schon gehört hast, auch wenn du dich von ihr entfremdet hast, weil du glaubtest, dass du unabhängig sein kannst... Aber jetzt weißt du wieder, dass du der Erde zugehörst... Du bist frei und unabhängig, und zugleich bist du ein Teil des Ganzen... Du kannst die Harmonie zwischen dir und der Natur spüren... Du kannst spüren, dass du in dieser Welt geborgen bist, dass die Erde das Haus ist, in dem du lebst...

Vielleicht kommt es dir so vor, als wärest du von einer Reise zurückgekehrt, dass du wieder zu Hause bist, zurückgekehrt zu den Wurzeln, zu den Quellen deines Lebens und deiner Stärke... Und dieses Empfinden der Ganzheit wirst du nicht wieder verlieren.

Diese Fähigkeit wird dir bleiben... Die Natur sorgt für alles, was lebt, für jeden Teil der Schöpfung... Halte das in deinem Bewusstsein fest und lass dich von dieser Zuversicht durchströmen... Mehr musst du im Augenblick nicht tun... (1 Minute)

Genieße alles, was hier um dich herum ist... In der nächsten Stunde kannst du an diesem Ort herumwandern, und wir werden Speisen und Getränke genießen, die wir mitgebracht haben – Früchte und Brot, Wasser und Milch... Wir werden diese einfachen Dinge genießen... Bitte sprich mit niemandem, aber du kannst auf jede andere Weise kommunizieren...

Und wenn du das tust, wirst du alles ganz anders und viel tiefer erleben. Dein Bewusstsein wird sich erweitern. Vielleicht wird es dir so vorkommen, dass du mehrere Wirklichkeiten erlebst: die Kreativität der Natur und die Schöpfung Gottes; vielleicht siehst du in den Dingen einen Sinn, der dir vorher verschlossen war. Es ist jedoch nicht nötig, dass du dich anstrengst, um die Dinge auf neue Weise zu erleben. Sie werden sich dir ganz von selbst zeigen. Vielleicht wird es dir gar nicht auffallen, dass sich dein Bewusstsein so verändert, wie ich es beschreibe, sondern du wirst einfach dein eigenes inneres Erleben bewerten, deine eigenen inneren Höhen und Tiefen, ganz unabhängig davon, was du von mir gehört hast...

Dafür wirst du viel Zeit haben. In der Zeitspanne einer Stunde kannst du den ganzen Raum erforschen, der sich in einem Radius von 100 Metern um diesen Mittelpunkt erstreckt. Ich werde hier im Mittelpunkt des Raumes bleiben. Und nach Ablauf dieser Zeit werde ich eine kleine Glocke läuten... Und nun kannst du beginnen...

Kinder der Erde

Hier kombinieren wir Phantasiereise und langsame Bewegung. Wir regen die Teilnehmer an, ihre Umgebung deutlich wahrzunehmen und eine Haltung der Achtsamkeit zu entwickeln.

Für diese Übung sollten Sie mit der Gruppe unbedingt ins Freie gehen, sodass die Natur direkt erlebt werden kann.

Bitte begrenzen Sie den Platz, auf dem sich die Teilnehmer bewegen. Stellen Sie sich selbst in die Mitte und wechseln Sie von Zeit zu Zeit Ihre Position zwischen Mitte und Rand. Achten Sie bitte darauf, dass die Teilnehmer Ihre Stimme gut hören können.

Anleitung

Bei dieser Phantasieübung kannst du herumgehen. Du kannst ausprobieren, wie es sich anfühlt, wenn du frische Energie aus deiner Umgebung aufnimmst. Bitte verzichte auf Kontakt zu den anderen Gruppenmitgliedern, weil die Kontakte, die wir miteinander haben, auch immer Energie kosten. Hier geht es darum, dass du neue Kräfte gewinnst.

Fang an, indem du deinen Körper etwas ausschüttelst. Dann stell dich bequem aufrecht hin, lass die Schultern locker herabfallen, beuge leicht die Knie und geh dann mit deiner Aufmerksamkeit nach innen in deinen Körper. Versuche deinen Schwerpunkt zu spüren und bringe ihn genau zwischen beide Füße...

Nun hol einmal tief und erfrischend Luft... und atme ganz gründlich aus...

Und noch einmal langsam einatmen... und wieder ganz gründlich ausatmen...

Jetzt kannst du anfangen, in einem angenehmen Tempo umherzugehen. Richte es so ein, dass du deine Umgebung gründlich wahrnimmst. Öffne alle deine Sinne und bemerke zunächst die Farben, das Zusammenspiel von Formen, Licht und Schatten... Lass dich überraschen, wie viel deine Augen entdecken können...

Lass deine Ohren jetzt all die Klänge und Töne aufnehmen, die du hören kannst – einige ganz deutlich, andere kaum wahrnehmbar... Lass alle diese sinnlichen Eindrücke auf dich einwirken und nimm sie in dich auf...

Und nun bemerke, wie dein Körper auf deine Umgebung reagiert... Bemerke, wie die Luft deine Haut berührt und von ihr aufgenommen wird... Bemerke die verschiedenen Düfte, die dich erreichen – jeden Einzelnen... Während du das alles bemerkst, geh weiter herum – leicht und gleichmäßig...

Spüre, wie dich jeder Schritt mit dem Boden verbindet... Genieße jeden Schritt... das Gefühl deiner Füße auf dem Boden... Spüre, wie die Erde dich hält... Bleib mit deinem Bewusstsein eine Weile bei jedem Schritt, den du machst... Spüre den Rhythmus deines Gehens... Spüre den Kontakt mit der Erde...

Und während du so weitergehst, erlebst du vielleicht, dass alle deine Wahrnehmungen intensiver werden. Vielleicht werden die Farben um dich herum leuchtender... Vielleicht hörst du auch das Geräusch deiner eigenen Schritte deutlicher und schärfer... Vielleicht genießt du es, dass dein aufmerksames Herumwandern alle deine Sinne weckt...

Vielleicht kannst du sogar spüren, wie die Luft schmeckt. Bemerkst du den Duft der Erde, des Grases, der Blüten, des Wassers?... Aber genauso schön kann das Gefühl sein, dass sich dein Körper frei bewegt – wie deine großen Hüftgelenke deinen Gang unterstützen, wie sich dein Becken bewegt, wie deine Arme frei hin- und herschwingen, und vielleicht spürst du auch schon ein Kribbeln in deinen Fingerspitzen...

Während du weitergehst, lässt du die ganze Welt auf dich zukommen und heißt sie mit deinen Sinnen willkommen. Spüre, wie sich deine Brust weitet, wenn du tief einatmest... Lass deine Umgebung tief in dich hinein bis in dein Herz und höre, dass deine Umgebung bereit ist, dich reich zu beschenken...

Lenk nun deine Aufmerksamkeit noch einmal zu deinen Füßen, auf den Boden, über den du gehst... Spüre, wie die Erde dich trägt, und vielleicht kannst du beim Gehen auch spüren, dass die Erde ein großer Ball aus unerschöpflicher Energie ist... Spüre, dass die Erde bereit ist, dir ihre Kraft zur Verfügung zu stellen, sie in deine Füße hineinströmen zu lassen, sodass du dich mit jedem Schritt erfrischst und stärkst...

Jeder Schritt ist ein Geschenk... jeder Atemzug... jede Farbe... und jeder Klang... Alle diese Geschenke kannst du genießen und spüren, dass die Natur dir alle ihre Schätze zeigt... Und vielleicht kannst du nun das Gefühl genießen, dass du lebendig bist, dass du das alles wahrnehmen kannst, dass du dein Herz öffnen und dich so kraftvoll und anmutig bewegen kannst, konzentriert und stetig... Denke daran, dass du ein Kind dieser Erde bist, die dich hält und ernährt... Spüre deinen ganzen Körper, seine Kraft und seine Beweglichkeit... Genieße, dass es unendlich viel Energie gibt, die du in dich aufnehmen kannst... Du musst gar nichts weiter tun, nur achtsam sein und dich öffnen, dann gehört die ganze Welt dir.

Und nun kannst du noch eine Weile so herumgehen und spüren, dass sich zunehmend ein Gefühl von Ruhe und Frieden in dir ausbreitet... Geh noch so lange, wie du möchtest, und setze dich dann auf den Boden, wenn du dazu bereit bist... Dann wirst du dich vollständig wach fühlen und tief erfrischt...

Das Meer

 Diese schöne Naturphantasie gestattet es den Teilnehmern, sich körperlich tief zu entspannen und geistig zu erfrischen.

Anleitung

Für diese Phantasiereise kannst du dir aussuchen, ob du dabei liegen oder sitzen möchtest. Mach es dir an deinem Platz bequem und schließ die Augen. Spüre alle Stellen, wo dein Körper den Untergrund berührt und stell dir vor, dass du ein ganz klein wenig in den Untergrund hineinsinkst. Atme dreimal tief aus und bemerke, dass du dich jedes Mal etwas ruhiger und entspannter fühlst...

Stell dir nun vor, dass es ein schöner, sonniger Tag ist, den du am Meer verbringst. Du liegst in einer kleinen Bucht am Strand. Das Ufer ist von Felsen gesäumt, in deren Spalten Gräser und Farne wachsen...

Unter dir spürst du den weichen, trockenen Sand, der sich leicht bewegt, wenn du deine Körperhaltung etwas veränderst. Du blickst in den blauen Himmel über dir und genießt die Wärme der Sonne auf deinem ganzen Körper... Dann bekommst du Lust, die Augen zu schließen... Jetzt hörst du die Schreie der Möwen und das Rauschen der Wellen deutlicher...

Während du diesen Klängen zuhörst, geht deine Aufmerksamkeit zu den Wellen, die den Strand heraufrollen, bis sie ganz sanft deine Füße erreichen und sie benetzen. Am Anfang fühlt sich das Wasser ein wenig kalt an, verglichen mit der Wärme der Sonne. Aber dann spürst du die wohltuende Wirkung des Wassers. Das zurückströmende Wasser spült alle Spannungen ab, die sich in deinen Füßen angesammelt haben. Deine Füße können sich entspannen, und sie fühlen sich schwerer und schwerer an...

Nun kommt die nächste Welle, bricht sich am Strand und rollt sanft nach oben über den Sand. Und diesmal bedeckt sie deine Füße und Beine. Das kühle Wasser fühlt sich angenehm erfrischend an. Es fließt wieder ins Meer und nimmt deine Anspannung mit sich. Deine Beine können sich entspannen...

Und als du die nächste Welle kommen hörst, wartest du schon auf die Berührung des Wassers, das diesmal nicht nur deine Füße und Beine berühren soll, sondern auch Hände und Unterarme und deinen Bauch. Die Muskeln und Organe in deinem Bauch ziehen sich leicht zusammen, als sie das kühle Meerwasser spüren... Dann fließt das Wasser wieder zurück und nimmt deine Anspannung mit sich...

Du hörst wieder ganz aufmerksam auf den Wellenschlag und bereitest dich auf die nächste Welle vor. Sie kommt und bedeckt deinen ganzen Körper bis zum Nacken. Ein leichter Schauer geht durch deinen Körper, als das Wasser deine Brust berührt, aber es wird aufgewogen durch ein Gefühl der Leichtigkeit und Gelöstheit, das sich einstellt, als das Wasser all deine Anspannung ins Meer spült...

Du weißt jetzt schon, dass die nächste Welle deinen ganzen Körper bedecken wird, aber du hast keine Angst. Deine Intuition sagt dir, dass du in der Phantasie ganz normal unter Wasser weiter atmen kannst. Warte ab, jetzt kommt die nächste Welle. Du begrüßt das Wasser, das dich ganz und gar bedeckt, und du gibst ihm all deine Anspannung, alles Verbrauchte und Giftige, alles Unbehagen und alle Sorgen. Langsam fließt das Wasser wieder ab. Jetzt kannst du dich vollständig entspannt und erneuert fühlen – körperlich, geistig und spirituell...

Ein Gefühl der Freude durchdringt dich, als du wieder die Wärme der Sonne empfindest, die dir neue Kraft und frische Energie schenkt. Bleib in diesem Zustand noch eine Minute behaglich liegen und spüre, wie sich Wohlbefinden überall in dir ausbreitet...

Und nun ist es Zeit, dass du mit deiner Aufmerksamkeit langsam hierher zurückkehrst. Sag Meer und Sonne Adieu. Wenn du willst, bedanke dich bei ihnen für alles, was sie dir geschenkt haben... Reck und streck dich ein wenig und atme einmal tief aus... Wenn du bereit bist, öffne die Augen und sei wieder hier, erfrischt und wach...

Der Delfin

Zu Beginn dieser Phantasiereise helfen wir den Teilnehmern, sich zu entspannen. Die Erlebnisse in der Wasserwelt und die Begegnung mit dem Delfin sind eine Einstimmung auf das eigene Unbewusste. Am Ende dieser Übung ermutigen wir die Teilnehmer, sich auf die Kreativität ihres tiefen Selbst zu verlassen.

Anleitung

Setz dich bequem hin und schließ deine Augen... Mach deinen Rücken ganz gerade und stell beide Beine fest auf den Boden... Atme dreimal tief aus und gestatte dir, mit jedem Atemzug entspannter und ruhiger zu werden...

Stell dir vor, dass du am Strand einer karibischen Insel stehst. Es ist ein sehr heißer, sonniger Tag, und Schatten spenden nur die Uferpalmen und die bunten Sonnenschirme, die den Strand säumen. Vögel in leuchtenden Farben fliegen über der Küstenlinie. Ihre Schreie mischen sich mit dem Rauschen der Wellen, die sich am Ufer brechen...

Du hast Lust, dich im Meer zu erfrischen. Langsam gehst du in das flache Wasser und genießt die kühlen Wellen an deinen Füßen und Beinen...

Allmählich gehst du weiter in das Wasser hinein, bis es dir bis zur Hüfte reicht. Dann überlässt du dich dem Ozean, der dich sanft anhebt und dich einlädt, tief in seine Unendlichkeit einzutauchen...

Nun drehst du dich auf den Rücken und schaust nach oben in den klaren, blauen Himmel. Du empfindest ein Gefühl von Ruhe und Heiterkeit, während dich die Wellen sanft schaukeln...

Und während du dich von Luft und Wasser streicheln lässt, spürst du, dass du behutsam angestoßen wirst. Du wendest deinen Kopf und siehst einen großen, grauen Schatten unter dir hindurchschwimmen. Der Schatten wendet und kehrt zurück. Nun gibt er sich dir zu erkennen, indem er den Kopf aus dem Wasser streckt, sodass du in das Gesicht eines Delfins schauen kannst. Der Delfin schwimmt um dich herum und lädt dich ein, mit ihm zu spielen.

Du staunst, wie harmonisch sich dieses große Tier bewegt, das dir einige seiner Kunststücke zeigt... Manchmal musst du lachen, und nach und nach verlierst du alle Angst. Du empfindest immer deutlicher, dass dieses Tier versucht, mit dir zu kommunizieren. Es lädt dich ein, dich an seiner Rückenflosse festzuhalten, weil es dir die Schönheiten der Wasserwelt zeigen will, in der es lebt. Und intuitiv verstehst du, dass du keine Angst haben musst zu ertrinken, weil du ganz normal weiteratmen kannst, auch unter Wasser...

Der Delfin hält dir seine Flosse hin und nimmt dich mit zu den Geheimnissen der Wasserwelt. Du kommst an großen und kleinen Fischen vorbei, die in allen Farben leuchten. Du siehst dunkelgrüne Wasserpflanzen und rosa Korallenbänke, und als ihr den Grund des Ozeans erreicht, stupst dich der Delfin wieder an und lädt dich ein, dich auf einen Felsen zu setzen. Du lässt deine Hand auf dem Rücken des Delfins und siehst kleine Fische, die zwischen den Korallen nach Nahrung suchen, und Seeigel, die sich über den sandigen Meeresboden treiben lassen. Es ist ganz still hier. Eine Weile schaust du den vielen verschiedenen Tieren zu, die hier leben...

Und nun wendest du deinen Kopf und blickst in die Augen des Delfins. Jetzt kannst du in ihnen dein Spiegelbild erkennen. Dabei spürst du, wie alle Anspannung, aller Stress, alle Probleme, alles Unwohlsein von dir abfallen und sich im Wasser auflösen...

In diesem Schweigen kannst du sehen, wie sich dein Leben vor dir entfaltet. Du siehst die Talente, die dir gegeben sind, und bekommst eine Ahnung, wie du sie nutzen könntest. Du erkennst verschiedene Wege, die dir offen stehen, und du kannst herausfinden, welcher dir Befriedigung und Erfüllung schenken könnte. Mehr und mehr verstehst du, dass du nur in diesem Schweigen mit deinem höheren Selbst kommunizieren kannst. Hier hast du jene Intuition und jene Weisheit, die dir herausfinden hilft, was wirklich gut für dich ist. Diese tiefe Weisheit spricht zu dir, wenn du bereit bist, zuzuhören... (1 Minute)

Jetzt spürst du wieder eine sanfte Bewegung deines Begleiters. Du weißt, dass es an der Zeit ist, an Land zurückzukehren. Halte dich wieder an der Rückenflosse des Delfins fest und lass dich ans Ufer zurückbringen. Schau dem Tier noch einmal in die Augen und danke ihm für alles, was es dir gezeigt hat. Nimm eine letzte telepathische Botschaft von deinem neuen Freund an, die dir sagt, dass er jederzeit bereit ist, diese Reise mit dir zu wiederholen; er wird auf dich warten...

Und wenn du bereit bist, dann komm mit deiner Aufmerksamkeit hierher zurück. Spüre deinen Körper... Reck und streck dich ein wenig und atme einmal tief aus... Öffne die Augen und sei wieder hier, erfrischt und wach...

Den Tag
Begrüssen

Diese Phantasiereise ist gut geeignet, um die erste Gruppensitzung eines Tages einzuleiten und den Teilnehmern indirekt zu sagen, dass sie sich auf diesen Tag freuen können, weil sie alles haben, was sie brauchen – Vitalität, Optimismus und eine innere Verbindung zum Universum.

Anleitung

Setz dich bequem hin und schließ die Augen... Mach den Rücken ganz gerade und stell beide Füße fest auf den Boden... Atme dreimal kräftig aus und bemerke, dass du dich jedes Mal entspannter und frischer fühlst...

Stell dir nun vor, dass du am Beginn eines schmalen und schwach erleuchteten Korridors stehst. Du beginnst, diesen Gang langsam entlangzugehen, und spürst dabei, dass der Boden unter deinen Füßen etwas uneben ist. Du siehst, dass die Wände aus grob behauenen Felsbrocken gemauert sind. Je weiter du gehst, desto dunkler wird es, aber es gibt noch genug Licht, dass du die Tür erkennen kannst, auf die du zugehst. Sie ist aus Holz und hat einen Drehknopf auf der rechten Seite. Du legst deine Hand auf diesen Knopf und spürst die glatte, warme Oberfläche des Holzes. Dann drehst du den Knopf herum und öffnest die Tür. Sobald du hindurchgetreten bist, bemerkst du, dass du auf dem Lande bist. Es herrscht immer noch dunkle Nacht. Du schaust zum Himmel und siehst Hunderte von funkelnden Sternen. Der zunehmende Mond ist von einer hellen Aura umgeben...

Du gehst einfach den Weg weiter, auf dem du stehst, und du spürst den Kies unter deinen Füßen. Einige Steine fühlen sich rund und glatt an, andere haben scharfe Kanten. Du denkst unwillkürlich an die Naturgeister, die Gnome, die die Verantwortung haben für das Reich der Mineralien. Deine Gedanken wandern zu den vielen schönen Kristallen, die in der Dunkelheit der Erde wachsen, und dir fallen blitzende Diamanten ein, blaue Lapislazuli und violette Amethyste. Du erinnerst dich daran, dass aus dem heiligen Dunkel das Licht kommt...

Und nun verlässt du den Kiesweg und gehst über eine Wiese. Deine Füße bemerken diesen neuen Untergrund. Das Gras ist ganz weich und fühlt sich kühl an.

Bleib einen Augenblick stehen und betrachte die majestätischen Bäume in der Nähe, die immer noch in den blauen Nebel der Nacht gehüllt sind. Du fühlst, dass sie dich einladen, etwas von ihrer ungeheuren Energie aufzunehmen, die sie im Laufe des letzten Tages in sich gespeichert haben...

Während du staunend dastehst, hörst du in der Ferne den Klang von bewegtem Wasser. Diese plätschernde Musik lädt dich ein, näher zu kommen. Mit jedem Schritt wird die Einladung des Wassers verlockender... Jetzt siehst du das Boot, das am Ufer angebunden ist... Steig hinein und lass dich treiben. Du legst dich auf den Rücken und schaust nach oben. Jetzt spürst du, dass gleich der Tag anbrechen wird. Hinter dir ist der Himmel tiefblau, und dieses Blau wird jetzt immer heller...

Du lässt eine Hand ins Wasser hängen, und du spürst die prickelnde Kühle des Wassers. Das Wasser spült alle Anspannung, alle Müdigkeit von dir ab. Langsam gleitet das Boot dahin, und du denkst dankbar an jene Geister, die die Hüter des Wassers sind, die Undinen...

Nun treibt das Boot in eine kleine Bucht und ans Ufer. Du steigst aus und bindest es dort fest...

Da schiebt sich die Sonne über den Horizont, und die Morgendämmerung lädt den jungen Tag ein. Vor dir steht ein wunderschöner Magnolienbaum in voller Blüte. Jede weißviolette Blüte sagt zu dir: „Komm, setz dich zu uns." Du setzt dich unter den Baum und genießt seine Pracht. Ein sanfter Wind raschelt in den Blättern und spielt mit deinem Haar und deinem Gesicht. Du erinnerst dich an die Naturgeister, die die Wächter des Windes sind, an die Sylphen, und du dankst ihnen...

Endlich beginnt der neue Tag. Die Sonne glüht in einem goldenen Orange am Horizont. Die Tiere auf den Bauernhöfen und die

Vögel des Waldes sind erwacht und beginnen einander zu rufen. In der Ferne hörst du die ersten Fahrzeuge... Du spürst die Wärme der Sonne auf deinem Körper und genießt es, wie jede Zelle mit neuer Energie pulsiert. Und dankbar denkst du an die Salamander, jene Naturwesen, die die Hüter des Feuers sind. Du spürst, wie deine ganze Existenz sich dem Tag öffnet...

Nachdem du vollständig wach geworden bist, weißt du, dass du zurückkehren musst. Du stehst auf und kehrst zu deinem Ausgangspunkt zurück. Du wählst einen anderen, kürzeren Weg. Wenn du bei der Tür angekommen bist, drehst du den Griff wieder herum und ziehst die Tür auf. Du betrittst den Korridor und schließt die Tür hinter dir. Zurückgekehrt aus der Helligkeit des Morgens, scheint dir der Korridor jetzt sehr eng und dunkel zu sein...

Geh weiter und komm hierher zurück in diesen Raum. Bemerke deinen Körper... Atme einmal tief aus und reck und streck dich ein wenig... Bring alles mit, was dir dieser Spaziergang durch die Natur geschenkt hat und kehre zu deinem Tagesbewusstsein zurück... Öffne die Augen und sei wieder hier, erfrischt und wach...

Vorbereitung auf die Nacht

Diese Phantasiereise zeigt uns, wie wir den Tag abschließen können, ganz bewusst und in innerem Frieden. Das ist sehr viel besser, als erschöpft einzuschlafen. Unser Schlaf wird dann tiefer und ruhiger, und wir fühlen uns am nächsten Morgen frischer und tatkräftiger.

Die Teilnehmer können sich diese Phantasiereise leicht merken und sie dann allein anwenden. Laden Sie die Gruppe am Ende der letzten Arbeitssitzung des Tages zu dieser Reise ein.

Anleitung

Setz dich bequem hin und schließ die Augen... Atme dreimal tief aus... Stell dir vor, dass die Stunde gekommen ist, wo du schlafen gehen möchtest. Vielleicht liegst du schon im Bett, vielleicht sitzt du in deinem Lieblingssessel, um dich auf die Nacht vorzubereiten...

Längst sind die letzten Strahlen der Sonne hinter den Hügeln versunken, und die Welt ist eingehüllt in den dunklen Mantel der Nacht. Die Vögel sind zurückgekehrt in ihre Nester und in den Schutz ihrer Schlafbäume. Sie haben den Kopf unter ihren Flügeln versteckt. Sie träumen davon, was ihnen der alte Tag gebracht hat und was sie sich vom neuen Tag wünschen. Hunde und Katzen haben ihre Lieblingsplätze aufgesucht und sich so zusammengerollt, dass sie im Schutz ihrer eigenen Wärme entspannt träumen können. Nur Eulen, Fledermäuse und andere Nachttiere sind noch unterwegs...

Die Blumen haben ihre Blüten geschlossen und bewahren in ihnen die Erinnerung an die Wärme der Sonne auf. Alles ist ruhig und still...

In dieser Ruhe kannst du noch einmal an den Tag zurückdenken, an alles, was dir gelungen ist, an deine Fehler, an die Freuden und Kümmernisse. Bewahre alles in dir auf, was du an diesem Tag gelernt hast und wofür du dankbar sein kannst. Lass Enttäuschungen und Ärger, Verletzungen und Groll zurück und nimm sie nicht mit auf deine Reise in die Nacht. Alles, was du nicht mehr brauchst, kannst du ablegen, es würde nur eine Bürde sein...

Spüre dein Herz. Stell dir vor, dass dies die Wohnung deines wahren Selbst ist. Sieh, dass der Raum deines Herzens umgeben ist von hellviolettem Licht, das es dir leichter macht, alles loszulassen, was du nicht mehr brauchst, sodass du mehr Raum hast für das Gefühl der Liebe und der inneren Verbindung...

Lass dieses Gefühl der Liebe aus deinem Herzen überall in deinen Körper fließen...

Schicke dieses Gefühl der Liebe auch in die Herzen der Menschen, die dir nahestehen, und wünsche dir, dass Liebe und Frieden auch jene Plätze in der Welt erreichen, wo Krieg, Spannungen und Not herrschen...

Nun stell dir vor, dass du einen wunderschönen blauen Mantel um deine Schultern legst. Dieser Mantel wird deinen Schlaf beschützen. Eingehüllt in diesen Mantel der Geborgenheit kannst du zu Bett gehen und ruhig schlafen, sodass du neue Kraft schöpfst für den Morgen eines neuen Tages...

Und auf diese Weise musst du die Dunkelheit der Nacht nicht fürchten. Während du schläfst, wird dein Unbewusstes den vergangenen Tag für dich verarbeiten, sodass du am nächsten Morgen wieder frisch bist für neue Erfahrungen und neues Lernen...

Reck und streck dich nun ein wenig und atme einmal tief aus... Öffne die Augen und sei wieder hier, erfrischt und wach...

Die Weisheit der Schamanen

DER BÄR

☾ Der Bär ist eines der ältesten heiligen Tiere. Er schenkte unseren Vorfahren Schutz, Stärke und Weisheit. Alte Legenden erzählen von Zeiten, wo Menschen und Bären gemeinsam in schützenden Höhlen lebten. Der Bär stand der Erde besonders nahe, und die Alten glaubten, dass er ein Hüter der Erde sei, über profunde Kenntnisse über Gesundheit und Heilung verfüge. Er kannte alle Heilkräuter für den Körper, aber er wusste auch, wie seelische Verletzungen geheilt werden können. Heute knüpfen vor allem Kinder an diese Tradition an. Der Teddybär hat alle Spielzeugmoden überlebt. Offenbar spüren die Kinder, dass Bären gute Verbündete sind. Sie nehmen die Bären mit ins Bett und lassen sich in der Dunkelheit der Nacht von ihnen bewachen. Aber auch für uns Erwachsene kann der Bär ein guter Bundesgenosse sein.

In dieser Phantasiereise besuchen wir einen Bären und lassen uns von ihm beschenken. Der Bär weiß überraschend genau, was uns fehlt.

ANLEITUNG

Setz dich bequem hin und schließ die Augen. Atme einmal tief aus, und geh dann in deiner Erinnerung zurück in deine Kinderzeit. Hattest du einen Bären?... Kannst du dich daran erinnern, wie der Bär aussah?... Hattest du Bilderbücher mit Bärengeschichten?... Was erlebten deine Bilderbuchbären?...

Und nun lass langsam das Bild eines Bären in dir entstehen und mach dir dabei klar, dass wir alle eine Erinnerung an diese Tiere in uns tragen, die es seit über zwei Millionen Jahren gibt, weit länger als uns Menschen. Unsere Vorfahren hatten tiefen Respekt vor dem Bären, er schien im Besitz ewigen Lebens zu sein. Jedes Jahr zog sich der Bär zum Winterschlaf unter die Erde zurück; für die Menschen war er damit gestorben. Im nächsten Frühjahr aber kam er wieder aus seiner Höhle heraus und wurde scheinbar neu geboren. Gleichzeitig brachte die Bärin neues Leben mit: die jungen Bären, die in der Höhle geboren waren. Unsere

Vorfahren kannten den Tod, und sie fürchteten ihn wie wir. Der Bär aber gab ihnen Hoffnung, dass mit dem physischen Tod nicht alles vorüber wäre. Darum legten sie ihren Toten Bärenknochen und Bärenschädel mit ins Grab, um die Unsterblichkeit des Bären auf diese zu übertragen...

Betrachte weiter das Bild des Bären in dir. Gibt es irgendetwas, was dich daran besonders beeindruckt?... Ist es die Stärke des Bären?... Die Selbstverständlichkeit, mit der er durchs Leben geht?... Ist es sein Vertrauen in die Natur?... Ist es seine biologische Weisheit?... Würdest du deinen Körper gern genauso gut kennen, wie das beim Bären der Fall ist, der im Frühjahr die richtigen Pflanzen frisst, um seinen Stoffwechsel neu in Gang zu setzen?...

Beeindruckt dich das rhythmische Talent des Bären, das sich in seinen Bewegungen ebenso ausdrückt, wie in seinem Verständnis der Jahreszeiten? Und nun mach dir auch klar, welche Gefühle du für den Bären entwickelt hast, den du mit deinem inneren Auge siehst. Hast du Vertrauen zu ihm?... Spürst du Zuneigung?... Spürst du Respekt?... Lass auch gemischte Gefühle zu... Von den Bären kannst du etwas Wichtiges lernen, das dir jetzt noch nicht zugänglich ist... Und vielleicht bist du jetzt bereit, dich auf das Geheimnis des Bären einzulassen, so wie es vor dir die Schamanen der Völker des Nordens gemacht haben.

Stell dir vor, dass du den gleichmäßigen Schlag einer Trommel hörst... Der Rhythmus der Trommel verbindet dich mit dem Rhythmus der Erde, mit dem Rhythmus deines eigenen Lebens und mit deinem Herzschlag... Du wirst den Bären im Norden finden, in der kalten Landschaft des Winters... Sieh, wie du einem kleinen Pfad folgst, der durch Eis und Schnee führt, durch eine winterliche Berglandschaft... Der Weg steigt leicht an... Er folgt zunächst einem Gebirgsbach, der durch ein kleines Tal fließt. Dann steigt der Pfad an und führt um einen Hügel herum, bis er vor dem niedrigen Eingang einer Höhle endet... Während du vor der Höhle wartest, hörst du das Trommeln lauter. Es scheint aus der Höhle zu kommen... Und wenn du bereit bist, kannst du den Bären nun dreimal anrufen... Sieh, wie eine große Bärin aus der Höhle kommt... Langsam kommt sie auf dich zu... Ihr schaut euch in die Augen... Du spürst, dass du ihr willkommen bist... Und nun führt sie dich zu einem versteckt gelegenen See, der in der Nähe der Höhle ist. Stell dich auf Überraschungen ein. Ganz plötzlich gibt die große Bärin dir einen kleinen Schubs, sodass du in das kalte, klare Wasser des Sees stürzt. Du hast das Gefühl, dass du plötzlich ganz wach bist und vollkommen erfrischt. Schnell kletterst du aus dem Wasser heraus, aber das Gefühl der Wachheit bleibt, und du fühlst dich wie neu geboren...

Die große Bärin setzt ihren Spaziergang mit dir fort. Sie führt dich in einen Wald und zeigt dir unter dem Schnee einige Heilkräuter. Dann lädt sie dich ein, mit ihr in die Höhle zu kommen... Sieh, wie an den Wänden der Höhle unendlich viele Kristalle blitzen, die hier wachsen. Es ist feucht und kühl, und Wasser tropft von der Decke herab. Nun geht die Bärin in einen Winkel der Höhle und kommt mit einem Geschenk für dich zurück. Sie trägt es in einem Weidenkorb herbei. Erwartungsvoll nimmst du den Korb und holst das Geschenk heraus. Was hat die Bärin für dich ausgesucht? Betrachte das Geschenk genau von allen Seiten... Warte ab, ob die Bärin irgendetwas dazu sagen möchte...

Nun ist es Zeit, dass du der Bärin Adieu sagst. Bedanke dich für ihr Geschenk.

Lass dich vom Klang der Trommel begleiten, wenn du die Höhle verlässt...

Reck und streck dich... Atme einmal tief aus... Öffne die Augen und sei wieder hier, erfrischt und wach...

Der Bison

Für die Prärieindianer Nordamerikas war der Bison ein heiliges Tier. Bisons gaben Nahrung, Kleidung, Zelte und Werkzeuge. Eine besondere Bedeutung hatte der weiße Bison. Er wurde als gutes Omen angesehen und als Überbringer göttlicher Botschaften. Weiße Bisons durften nicht getötet werden. Nach der Legende erhielten die Lakota-Indianer von einem weißen Bison die heilige Pfeife mit der Anweisung, sie regelmäßig zu rauchen, um Weisheit und Stärke zu gewinnen und um viele Nachkommen zu haben. Die weiße Bisonkuh galt als mütterliche Gottheit, die die Stärke des Weiblichen betonte.

In dieser Phantasiereise verwenden wir den Mythos der weißen Bisonkuh. Wir können dabei lernen, mehr Vertrauen in das Leben zu entwickeln, eine emotionale Beziehung zu den eigenen Vorfahren herzustellen und wichtige Botschaften zu empfangen.

Aber der Bison ist nicht nur ein mythologisches Symbol. Seine Existenz erinnert uns daran, wie wichtig es ist, in Harmonie mit dem Ökosystem zu leben. Die Bisons erhalten die Vegetation in der Prärie, weil sie auf ihren weiten Wanderungen nicht alles abfressen und die Natur schonen.

Anleitung

Setz dich bequem hin und schließ die Augen... Stell dir vor, dass du ein Bison bist... Du stehst, den Kopf nach Norden gewandt, woher ein frischer Wind weht. So weit du sehen kannst, ist überall Gras, das sich in der Brise wiegt. Um dich herum weiden unzählige andere Bisons. Du stehst mitten in einer Herde, und ein Teil der Tiere wandert nach Norden, ein Teil der Herde grast friedlich und genießt das frische, saftige Grün... Spüre deinen riesigen Kopf und deine kräftigen, nach oben gebogenen Hörner... Spüre deine starken Beine und Füße und deinen Schwanz mit der schönen Quaste, mit dem du hin und her schlägst, um die Fliegen zu verscheuchen...

Und nun blähe deine Nüstern und atme dreimal tief ein... Spüre das riesige Volumen deiner Lungen und die Kraft, die dir die Luft der Prärie gibt...

Nach dem dritten Atemzug stürmst du voran und lässt deine Hufe auf die Erde trommeln. Du liebst den schnellen Lauf, und du genießt deine Kraft und den Rhythmus deiner trommelnden Hufe. Du bist bereit und neugierig auf alles, was dir das Leben zu schenken hat...

Du wirst immer schneller und kommst jetzt an eine Stelle, an der große Felsbrocken liegen. Du springst über die Felsen und plötzlich hast du keinen Boden mehr unter dir. Du stürzt in einen tiefen Abrund... Natürlich empfindest du Angst bei diesem Sturz, weil du spürst, dass du dich nicht mehr steuern kannst und dass dein eigener Wille wie weggeblasen ist... Unten am Fuß der Klippen landest du auf Bergen von Knochen, die von deinen Vorfahren stammen, die vor dir auf ihrer Flucht vor den Menschen hier herabgestürzt sind. Verwundert stellst du fest, dass dir nichts geschehen ist... Du spürst, wie die Kraft in deine Beine und in deinen Körper zurückkehrt, und atmest ein paarmal tief ein... Du spürst, dass du nicht umsonst an diesen heiligen Platz geführt worden bist... Deine Vorfahren haben dir etwas Wichtiges mitzuteilen. Warte ganz ruhig ab, bis du die Stimme deiner Vorfahren hören kannst und verstehst, was sie dir zu sagen haben... (2 Minuten)

Nun wendest du den Kopf und siehst, dass all die Bisonknochen verschwunden sind. Auch der steile Abhang ist nicht mehr vorhanden. Du bist vollkommen ruhig und siehst, dass du wieder von anderen Bisons umgeben bist... Du fühlst dich zu Hause und es kommt dir so vor, als lebtest du schon eine Ewigkeit hier... Was ist das für ein Gefühl, mit so vielen Gefährten zusammen zu sein und über die Prärie zu ziehen?...

Wie eine riesengroße Familie bewegt ihr euch langsam nach Norden. Du weißt nicht, wie lange du so mit den anderen Bisons gewandert bist, als du plötzlich bemerkst, dass sich etwas in deiner Umgebung verändert... Du wendest den Kopf und siehst, dass eine weiße Bisonkuh auf dich zukommt. Du bleibst ehrfürchtig stehen, um sie zu begrüßen... In diesem Augenblick weißt du, dass du ein Geschenk bekommen wirst, eine Botschaft oder ein lebendiges Symbol... Warte ab, was die weiße Bisonkuh dir bringt. Vielleicht spricht sie mit dir... Vielleicht drückt sie sich durch eine Geste aus... Vielleicht zeigt sie dir irgendein Bild... Du erinnerst dich daran, dass die heilige weiße Bisonkuh für ihre großzügigen Geschenke bekannt ist... (1 Minute)

Und wenn du dein Geschenk bekommen hast, dann vergiss nicht, dich zu revanchieren und der Göttin auch irgendetwas von dir zu schenken... Bedanke dich und sage Adieu...

Und nun ist es Zeit, dass du dich auch von den anderen Bisons und von der Prärie verabschiedest... Geh durch einen weiß leuchtenden Nebel hindurch und sei wieder in deinem menschlichen Körper... Bring alles mit, was wertvoll für dich ist... Reck und streck dich und atme einmal tief aus... Öffne die Augen und sei wieder hier, erfrischt und wach...

Tempeltraum

Wichtige Einsichten können wir nicht herbeizwingen. Wir können uns nicht einfach hinsetzen und durch logisches Denken die Antwort auf unsere Fragen finden. Lebendiges Wissen ist nicht frei verfügbar, sondern es ist ein Geheimnis und ein Geschenk. Um dieses Geschenk zu erhalten, müssen wir uns öffnen. Oft sind es unsere Träume, in denen wir wichtige persönliche oder professionelle Erleuchtung finden. Im Traum sah Albert Einstein jene wichtigen Bilder, die die Grundlage wurden für seine Relativitätstheorie. Und viele von uns kennen Träume, die ihnen sagen, was sie tun oder lassen sollen.

Diese Phantasiereise wendet sich an unsere intuitive innere Weisheit, die auf unseren Lebenserfahrungen basiert und auf der kollektiven Weisheit der Menschheit, und die manchmal durch höhere Mächte zusätzlich inspiriert wird. Wer ernsthaft sucht, kann mit Hilfe dieser Phantasiereise wichtigen Einsichten näher kommen, die ihm helfen, seinem Leben neue Impulse zu geben oder es sogar grundlegend zu verändern.

Anleitung

Entscheide, ob du bei dieser Phantasiereise sitzen oder liegen möchtest. Mach es dir bequem und schließ die Augen...

Während du mir zuhörst, kannst du spüren, dass deine Arme und Beine immer schwerer werden... Du spürst das Gewicht deines Körpers, während du dich entspannst. Lass es zu, dass eine angenehme Schwere über dich kommt... Vielleicht fühlst du dich so ähnlich, wie vor dem Einschlafen in einer Nacht, in der du intensive Träume hast und dich in Welten bewegst, die weit von deinem Alltag entfernt zu sein scheinen...

Nachher wirst du die Möglichkeit haben, etwas zu erleben, was dir vielleicht exotisch vorkommt, weil du noch nicht weißt, dass vor Hunderten, ja sogar vor Tausenden von Jahren Menschen an den verschiedensten Stellen der Erde solche Erfahrungen gemacht haben, wenn sie Heilung suchten, Reife oder Erleuchtung...

In früheren Zeiten gingen die Menschen manchmal in einen Tempel, um dort eine Nacht zu schlafen. Und während der Nacht kamen dann Götter, Engel oder andere Wesen zu ihnen, die mehr Macht und Weisheit hatten als sie... Der Schläfer wünschte sich diese machtvollen Wesen herbei, damit sie ihm etwas geben sollten, was er sich nicht selbst geben konnte, damit er geheilt würde oder damit ihm Erleuchtung gewährt würde... Diese hilfreichen Wesen kamen im Traum zu dem Schläfer. Sie schenkten ihm einen neuen Blick auf sein Leben, eine Vision, die seine Energien aktivierte...

Eine Nacht lang im Tempel zu schlafen und zu träumen, konnte eine gute und unvergessliche Erfahrung sein. Und wir können heute noch dieselbe Erfahrung machen. Auch wir haben die Möglichkeit zu träumen und die hilfreichen Mächte zu bitten, an diesem alten und mächtigen Ritus mitzuwirken... Geh noch tiefer in dich hinein, bis du dort einen Tempel findest – zeitlos, an einem heiligen Ort... Lass dich überraschen, wo du diesen Tempel findest – in einem Tal, oben auf dem Gipfel eines Berges, an einem Fluss, auf einer Insel in einem See, in einer Wüste oder am Rande des Dschungels... Wenn du deinen Tempel gefunden hast, dann entdecke bitte in der Nähe eine heilige Quelle. Zu dieser Quelle kommen die Pilger, um zu trinken... Lass dich hier von den Tempeldienern begrüßen, die in lange Gewänder gehüllt sind und deren Gesichter dir wie Schatten vorkommen... Schweigend wirst du in den Tempel geführt... In einem quadratischen Raum machen deine Führer Halt. Sie geben dir einen Krug mit dem heiligem Wasser der Quelle. Du trinkst davon so viel du möchtest... Du weißt, dass das heilige Wasser dich reinigt und auf diese besondere Nacht vorbereitet...

Dann führen dich die Tempeldiener weiter – einen langen, langen Gang entlang, einige Treppen hinab, bis zu einem kreisrunden Raum, in dessen Mitte ein flacher steinerner Tisch steht. Du legst dich auf die große Tischplatte aus Stein und bist überrascht, wie bequem du dort liegen kannst. Und plötzlich wirst du ganz müde... Deine Augenlider werden ganz schwer, Schlaf überkommt dich, und du hast das Gefühl, dass du von einer schweren warmen Dunkelheit zugedeckt wirst... Die Tempeldiener ziehen sich wie Schatten zurück, und du kannst jetzt in einen sehr tiefen, sehr heilsamen Schlaf fallen... In diesem Schlaf wirst du träumen, und in deinem Traum kommen die Götter, die Engel oder wie immer du diese mächtigen Wesen nennen möchtest, zu dir, die am besten in der Lage sind, deine Kraft zu aktivieren, um eine Veränderung in dir einzuleiten... Es reicht aus, wenn du daran glaubst, dass diese Mächte bereit sind, in dieser Nacht für dich da zu sein und dein Bestes zu bewirken. Lass dich überraschen, wie sie das tun werden: Vielleicht halten sie dich in ihren Armen... vielleicht zeigen sie dir ein Symbol... vielleicht lassen sie dich heilende Musik hören... vielleicht halten sie eine Medizin für dich bereit – ihnen ist alles möglich... Du kannst dich ganz sicher fühlen, wenn du jetzt deinen Tempeltraum beginnst, der vor dir schon so viele inspiriert hat...

Ich werde jetzt eine Weile schweigen. Auch wenn du meine Stimme nicht hörst, kannst du mit einem schmalen Band deines Geistes mit mir verbunden bleiben... (3-5 Minuten)

Und nun tauche langsam aus deinem Tempeltraum wieder auf... Bemerke, wie zunächst nur ein schmaler Lichtstrahl in den Raum fällt, wo du geträumt hast. Lass es dann im Raum immer heller werden... Vielleicht hörst du auch einen Gong, der früh am Morgen angeschlagen wird, oder du hörst die Diener und Priester des Tempels singen... Höre die Schritte der Tempeldiener, die dich an diesem neuen Tag begrüßen und zum Ausgang des Tempels geleiten wollen... Während du den Weg zurückgehst, den du gekommen bist, fühlst du dich zunehmend wacher und leichter... Bring aus dem Tempeltraum mit, was für dich wichtig und wertvoll ist. Sage dem Tempel Adieu und wisse, dass du ihn in deinem Innern immer wiederfinden kannst...

Nun reck und streck dich... Atme einmal tief aus und öffne die Augen... Sei wieder hier, erfrischt und wach...

Die Pyramide

Im alten Ägypten hatten die Pyramiden die Funktion, die Unsterblichkeit der Könige zu sichern. Die eigene Endlichkeit war der größte Feind der ägyptischen Herrscher. Sie wünschten sich, nach ihrem physischen Tod in ein neues Leben im Jenseits Eingang zu finden, und natürlich sollte ihr königlicher Status erhalten bleiben.

Hier setzen wir das Symbol der Pyramide etwas anders ein. Wir wollen die Teilnehmer anregen, ihr eigenes Potenzial stärker zu nutzen, um spontaner und glücklicher zu leben. Die Pyramide symbolisiert dieses Potenzial. Tief im Innern dieses gewaltigen Bauwerks liegen Schätze, die uns gehören. Es kommt darauf an, dass wir diese Schätze entdecken und uns aneignen.

Anleitung

Setz dich bequem hin und schließ die Augen... Mach deinen Rücken ganz gerade und stell beide Füße fest auf den Boden... Atme dreimal tief aus und spüre, wie du jedes Mal entspannter und lockerer wirst...

Stell dir vor, dass du in Ägypten bist. Du stehst in der Wüste, und vor dir siehst du den schmalen Eingang zu einer großen Pyramide, die vergessen in der Wüste liegt, fast vollständig bedeckt von riesigen Sanddünen. Einen Augenblick überlegst du, ob die Wüste der Pyramide zeigen wollte, dass sie noch gewaltiger ist als dieses alte Bauwerk, oder ob der Sand die Pyramide vielleicht beschützen wollte, indem er sie einfach mit seiner glitzernden Unendlichkeit bedeckte...

Du beschließt, das Innere der Pyramide zu erkunden. Du gehst durch den schmalen Einlass und siehst einen mit Steinen gepflasterten Gang, der nach unten führt. An den Wänden brennen Fackeln, die dir helfen, deinen Weg zu finden. Spüre, dass du in dieser Pyramide sicher bist, und sei zuversichtlich, dass du hier etwas Wichtiges entdecken wirst... Folge dem Gang, der dich tiefer und tiefer in das Herz der Pyramide hineinführt...

Am Ende des Ganges kommst du in ein riesiges Gewölbe, das mit vielen Schätzen gefüllt ist. Du erkennst, dass dies jene Schatzkammer ist, in der deine ungenutzten Ressourcen aufbewahrt sind, dein ganzes Potenzial – deine Talente, deine Erfahrungen, deine Möglichkeiten, die du noch nicht eingesetzt hast, um deine Bestimmung im Leben zu erfüllen und ein gutes und produktives Leben zu führen. Du bist der rechtmäßige Eigentümer dieser Schätze, aber die Macht der Umstände hat sie dir gestohlen. Wenn du sie dir nicht zurückholst und in die Welt draußen bringst, um sie selbst zu genießen und um andere daran teilhaben zu lassen, werden sie immer mehr vom Sand der Wüste zugedeckt werden und für immer verloren sein...

Wahrscheinlich verspürst du den Wunsch, dir diesen Schatz anzueignen, weil du der rechtmäßige Eigentümer bist. Aber leider bist du dazu noch nicht in der Lage. Irgendeine Macht hindert dich daran, und diese Macht geht von einer riesigen, schwarzen Statue aus, die mitten in dem Raum steht. Die Macht der Statue konzentriert sich in einem großen Diamanten in ihrer Stirn. Die gewaltige, schwarze Statue ist die Verkörperung all der negativen Kräfte in deinem Leben, deiner Misserfolge und Niederlagen, deiner Unwissenheit und deiner Angst vor Veränderung. Sie wurde in diesen Raum gestellt, um deinen Schatz zu bewachen, sodass keine anderen Tempelwächter nötig sind. Wenn du alle diese Schätze befreien willst, damit du der wirst, der du sein kannst, dann musst du diese lähmenden Tendenzen, die Mächte des Stillstands und der Passivität in dir überwinden. Diese lähmenden Kräfte wollen dein Wachstum behindern. Sie sind personifiziert und verkörpert in der Statue des Wächters. Und wenn du damit unzufrieden bist, dann wirst du spüren, dass es in dieser uralten Pyramide ein Energiefeld gibt, eine geheimnisvolle Kraft, die du in deinem Körper empfinden kannst. Wenn du einatmest, wirst du vielleicht die Energie in deiner Brust spüren, vielleicht spürst du sie in deinen Beinen oder in Händen und Armen. Wahrscheinlich kannst du dir nicht erklären, wie es möglich ist, dass die Steinmassen der Pyramide in dir so viel Stärke und Mut erzeugen...

Wenn du diese neue Kraft spürst, dann geh zu der Statue und schlage ihr den Diamanten aus der Stirn. Sieh, wie er zu Boden fällt und immer schwächer leuchtet, bis er ebenfalls eine schwarze Farbe annimmt und wie ein einfaches Stück Kohle aussieht. Du kannst auf dieses Stück Kohle treten und es unter deinen Füßen zu schwarzem Staub werden lassen. Jetzt hat die Statue ihre Macht verloren. Sie ist so leicht geworden, dass du sie umkippen kannst. Sie stürzt zu Boden und zerspringt in tausend Stücke... Jetzt bist du frei, so viele Schätze an dich zu nehmen, wie du tragen kannst, wenn du wieder hinausgehst...

Dieses erste Mal musst du nicht alle Schätze mitnehmen, weil du immer wieder in diese Schatzkammer zurückkehren kannst, wenn du das möchtest. Unabhängig davon, wie viel du jetzt mitnimmst, und wie oft du zurückkehren wirst, dieser Raum wird nie leer sein... (1 Minute)

Und nun geh hinaus in das warme Licht der Sonne und kehre mit all deinen Schätzen, die du an dich genommen hast, in die Alltagswelt zurück. Diese Schätze können all das sein, was du dir wünschst, und sie werden sich in neuen Gewohnheiten manifestieren, in neuen Ideen, in neuen Richtungen, in die du gehst. Und jedes Mal, wenn du davor zurückschreckst, etwas Neues auszuprobieren, wenn du daran zweifelst, dass du etwas lernen kannst, dann denke an die Pyramide und die Schätze, die sie enthält. Wenn du das tust, wirst du Zuversicht empfinden, Stärke und Beharrlichkeit. Du wirst die Gewissheit spüren, dass du jene Aufgabe bewältigen kannst, die dir schwierig erscheint...

Spüre nun deinen Körper wieder... Reck und streck dich, und wenn du bereit bist, komm mit deiner Aufmerksamkeit hierher zurück... Bring alles Wertvolle mit dir... Atme einmal tief aus und öffne die Augen... Sei wieder hier, erfrischt und wach...

Gandors Garten

Stilistisch knüpft diese Phantasiereise an die Märchen unserer Kinderzeit an. Wir gehen in den Zaubergarten eines geheimnisvollen Zwerges. Die ganze Szenerie gibt ein hohes Maß emotionaler Sicherheit, sodass es uns leicht fällt, uns emotional zu öffnen. Die Wanderung durch den Garten wird schnell zu einem Weg der Selbsterkenntnis. Wir können Einsichten gewinnen, zu denen wir auf andere Weise nur schwer gelangen würden.

Anleitung

Setz dich bequem hin und schließ die Augen... Mach deinen Rücken ganz gerade und stell beide Füße fest auf den Boden... Atme dreimal tief aus und spüre, wie du jedes Mal entspannter und ruhiger wirst...

Stell dir vor, dass du einen schmalen Waldweg entlanggehst. Die Sonne scheint, die Vögel singen, und die Luft ist angenehm warm. Du spürst den Duft von Harz und von grünem Moos, das immer wieder in dicken Kissen zum Sitzen einlädt. Vor dir tanzt ein Schwarm kleiner Schmetterlinge, und du hast das Empfinden, dass sie dich begleiten wollen...

Und ganz überraschend kommst du an einen Erdhügel, der so aussieht, als sei er erst kürzlich angelegt worden. Die Erde schimmert noch ganz feucht. Auf der einen Seite findest du eine runde Tür, die dich an das Bullauge eines Schiffes erinnert. Sie steht halb offen. Neugierig gehst du auf die Tür zu und öffnest sie ganz. Du schaust hinein und siehst einen Tunnel, der nach unten führt. Obgleich es in dem Tunnel ganz dunkel ist, erkennst du am Ende ein schimmerndes Licht, das dich anlockt...

Du trittst in den Tunnel und gehst auf das Licht zu. Mit jedem Schritt gehst du weiter hinab, tiefer und tiefer in die Erde hinein. Und während du langsam Schritt für Schritt hinabgehst, wird das Licht am Ende des Tunnels immer heller...

Plötzlich trittst du aus dem Tunnel hinaus und siehst zu deiner Überraschung, dass du in einem Garten stehst, der hell erleuchtet ist. Das Licht kommt von oben durch viele kunstvoll angelegte Oberlichter...

Jetzt hörst du ein helles Lachen hinter dir, und als du dich umdrehst, erblickst du einen Zwerg, der dich anlächelt. Freundlich streckt er dir zur Begrüßung seine kleine Hand entgegen, und du musst dich bücken, um sie ergreifen zu können. Du kannst nicht sagen, ob der Zwerg jung oder alt ist, aber du siehst seine Augen schalkhaft blitzen, als er sich dir als Gandor, der Besitzer des Gartens, vorstellt. Du bist eingeladen, einen Rundgang durch den Garten zu machen und ihn zu erforschen...

Das Erste, was du bemerkst, ist ein kleiner Teich, dessen Oberfläche silbern glänzt wie ein Spiegel. Während du hineinschaust, kannst du dein Bild sehen; du siehst dich so, wie du gern sein würdest. Dein Spiegelbild schaut dich an und fängt an zu sprechen. Es sagt dir etwas über dich selbst und dein Leben, was dir vorher nicht bewusst gewesen ist... (1 Minute)

Nachdem du diese Botschaft gehört hast, gehst du weiter und folgst einem schmalen Weg mit vielen Windungen. Rechts und links siehst du alle möglichen Blumen und blühende Büsche. Du spürst den intensiven Duft von Lavendel, Salbei und Rosen. Unter deinen Füßen knirscht der feine Kies, dessen Quarzkristalle im Licht glitzern und glänzen...

Nach einer Wegbiegung siehst du ein kleines Kind mit einem Springseil. Ganz gleichmäßig hüpft es über das Seil und wechselt dabei von einem Fuß auf den anderen. Als du dichter herangekommen bist, hält das Kind inne und dreht sich zu dir um. Mit einem Lächeln begrüßt es dich, und du beugst dich hinab, damit ihr euch in die Augen sehen könnt. Dann nimmt das Kind deinen Kopf in beide Hände und dreht ihn ein wenig, um dir etwas ins Ohr zu flüstern. Es erzählt dir etwas über dich, was du lange vergessen hattest. Du hörst etwas aus deiner Kinderzeit, was du wissen musst, um dein gegenwärtiges Leben mehr genießen zu können... (1 Minute)

Dann gehst du weiter und kommst zu einer kleinen Wiese, wo drei Schmetterlinge vergnügt in der Luft tanzen. Sie singen ein Lied über das Geheimnis, wie man wahrhaft glücklich werden kann. Du bleibst stehen, um dir das Lied der Schmetterlinge anzuhören, ehe du weitergehst... (1 Minute)

Als du deinen Rundgang fast beendet hast, siehst du einen alten Menschen, einen alten Mann oder eine alte Frau, der am Rande des Weges mit gekreuzten Beinen auf einem Kissen sitzt. Und obgleich die Person tief in ihre Gedanken versunken zu sein scheint, öffnet sie ihre Augen, als du herankommst. Du hast das Gefühl, dass du erwartest wirst. Langsam und bedächtig beginnt die Person zu sprechen. Du erhältst von ihr einen wichtigen Hinweis zu einer Frage, die dich schon seit einiger Zeit sehr beschäftigt... (1 Minute)

Du bedankst dich, und auf deinem Rückweg zum Ausgangspunkt deines Spazierganges denkst du über diesen weisen Rat nach...

Der Zwerg Gandor wartet schon auf dich. Er verspricht dir, dass du wichtige Einsichten aus deinen Erlebnissen in seinem Garten gewinnen wirst. Als er dir Adieu sagt, lädt er dich ein, so oft in seinen Zaubergarten zu kommen, wie du willst. Du dankst ihm für seine Gastfreundschaft und kehrst durch den Tunnel in die Außenwelt zurück. Du fühlst dich bereichert durch die Botschaften, die du erhalten hast, und du nimmst dir vor, mehr darüber nachzudenken...

Spüre nun wieder deinen Körper... Reck und streck dich und atme einmal tief aus... Komm mit deiner Aufmerksamkeit hierher zurück und bring alles mit, was für dich wertvoll ist... Und nun öffne deine Augen und sei wieder bei uns, erfrischt und wach...

Der Beduine

Diesmal reisen wir durch die Wüste und treffen einen weisen Beduinen. Auch dabei können wir überraschende Einsichten über uns und unser Leben gewinnen. Diese Einsichten kommen jedoch nicht in Worten, sondern durch Bilder, die wir aus einem magischen Puzzle zusammenlegen müssen.

Anleitung

Setz dich bequem hin und schließ die Augen... Mach deinen Rücken ganz gerade und stell beide Füße fest auf den Boden... Atme dreimal tief aus und spüre, wie du jedes Mal entspannter und ruhiger wirst...

Nun stell dir vor, dass du auf einer Reise durch den Vorderen Orient bist. Du interessierst dich für die heiligen Stätten von Christen, Juden und Moslems und für die Wurzeln unserer Kultur. Vor allem aber bist du fasziniert von der Wüste. Du glaubst, dass du in ihrem Schweigen etwas hören kannst, das nur hier möglich ist. Du hast dir einen arabischen Führer genommen, der dich mit einem alten, klapprigen Jeep durch das Land fährt. Er zeigt dir verfallene Städte, alte Tempel und heilige Berge. Manchmal bringt er dich mit den Menschen zusammen, die ihr Leben in der Wüste verbringen. Sie erscheinen dir ungewöhnlich frei und weise...

Heute bringt dich dein Führer zu einem alten Beduinen. Er sitzt in einem Zelt, das ganz mit Teppichen ausgelegt ist. Mit einer Handbewegung lädt er dich ein, dich zu ihm an den kleinen Tisch zu setzen und mit ihm Tee zu trinken. Ihr unterhaltet euch eine Weile, und dein Reisebegleiter hilft dabei als Übersetzer. Dann lässt der Alte den Tisch abräumen und stellt drei Schachteln aus Zedernholz vor dich hin. Auf den Deckeln kannst du nichts erkennen, weder Bilder noch Schrift, aber jede Schachtel enthält ein vollständiges Puzzle. Du bist neugierig darauf, was dir diese Puzzles zeigen werden. Der Beduine sagt dir, wie du vorgehen sollst: „Wähle eine der drei Schachteln, schütte ihren Inhalt auf den Tisch und fang an, das Puzzle zusammenzusetzen. Wenn du die Stücke zusammenfügst, wird ein Bild entstehen, das eine besondere Bedeutung für dich hat. Es wird dir etwas über dich selbst sagen...

Dann kannst du die zweite Schachtel nehmen und die Teile, die darin enthalten sind, zu einem Bild zusammenfügen. Es kann sein, dass dieses zweite Bild an das erste anknüpft und ein Thema aufgreift und weiterführt, aber vielleicht bringt es auch ein neues Thema ins Spiel, das dich auf etwas aufmerksam macht, was du wissen solltest...

Dann nimm die dritte Schachtel und füge das Bild zusammen, das hierin enthalten ist. Lass dich überraschen, was dir dieses dritte Puzzle mitteilt..." Beginne nun mit der Arbeit.

Während du die drei Bilder zusammenlegst, wird der alte Beduine freundlich und geduldig neben dir sitzen. Bedächtig nippt er an seinem heißen Tee und ab und zu schaut er dich an. Durch sein langes Leben in der Wüste weiß er, dass die Menschen immer auf der Suche sind. Sie suchen Wasser, sie suchen eine Unterkunft, sie suchen Gemeinschaft und sie suchen das, was am schwersten zu finden ist: inneren Frieden. Darum kannst du die Gegenwart des alten Beduinen als hilfreich erleben, während du selbst versuchst, diese drei Bilder langsam zusammenzufügen...

Ich werde jetzt schweigen. Du hast drei Minuten messbarer Zeit, aber diese Zeit wird dir viel länger vorkommen und sie wird lange genug währen, dass du alles entdeckst, was für dich bestimmt ist... (3 Minuten)

Und nun ist es Zeit, dass du deinen Besuch in dem Beduinenzelt beendest. Lege die Puzzles wieder in ihre Schachteln und danke dem alten Mann für seine Gastfreundschaft. Bewahre die Bilder, die du gesehen hast, gut in deinem Gedächtnis auf. Und während du mit deinem Begleiter zu einem nächsten Reiseziel fährst, kannst du darüber nachdenken, welche Botschaften du erhalten hast... (1 Minute)

Komm nun mit deiner Aufmerksamkeit hierher zurück... Spüre deinen Körper... Reck und streck dich ein wenig und atme einmal tief aus... Bring alles mit, was für dich nützlich ist und öffne deine Augen... Sei wieder hier, erfrischt und wach...

Für ein inneres Zentrum sorgen

Jeder Erwachsene braucht ein inneres Zentrum, um zur Ruhe zu kommen, um sich zu regenerieren und um die verschiedenen Stimmen seiner inneren Welt hören zu können. Das innere Zentrum ist jener Ort, wo wir uns und unser Leben ins Gleichgewicht bringen können.

Anleitung

Setz dich bequem hin und schließ die Augen... Mach deinen Rücken ganz gerade und stell die Füße fest auf den Boden... Atme dreimal tief aus und bemerke, dass du jedes Mal ruhiger und stiller wirst... Lass alle Gedanken los, sodass sich deine Aufmerksamkeit ganz auf deinen Körper konzentrieren kann...

Und wenn dein Geist ruhig und still ist, dann stell dir vor, dass du am Ende eines Ganges stehst. Die Wände sind weiß und glatt, ebenso die Decke, aber an ihr siehst du winzige Lichter, die dich an fern schimmernde Sterne erinnern. Der Boden, auf dem du stehst, ist von einem Mosaik bedeckt, auf dem du bunte Spiralen siehst, die sich überlagern und dir das Gefühl geben, dass hier alle Farben des Regenbogens miteinander tanzen. Am Ende des Ganges siehst du eine Tür...

Geh auf diese Tür zu und bemerke das Schweigen und die Ruhe um dich herum. Du siehst, dass diese Tür aus Holz ist, und dass sie auf der rechten Seite einen Drehknopf hat. Dreh ihn herum und drücke die Tür auf, damit du den Raum dahinter betreten kannst. In diesen Raum kannst du immer gehen, wenn du Ruhe brauchst, wenn du nachdenken willst, wenn du dich abgrenzen möchtest. Du kannst dir diesen Raum so gestalten wie du willst, wie es für dich richtig ist...

Gib dem Raum zunächst die richtige Größe und Form. Soll der Raum quadratisch sein? Wünschst du dir einen runden Raum? Du kannst ihm jede Form geben, die dir angenehm ist. Und mach ihn so groß, wie es deinem Empfinden entspricht...

Beginne nun mit der Decke. Gib ihr die Farbe, die dir passend erscheint. Und wenn du irgendeine Beleuchtung an der Decke haben willst, dann bring sie dort an...

Dann betrachte die Wände. Wenn du Fenster haben willst, dann platziere sie da, wo sie sein sollen, und wenn du dir eine Terrassentür wünschst, die den Ausblick auf einen Garten ermöglicht, dann stell sie dir vor. Als Nächstes gestalte die Wände so, wie sie dir gefallen. Mal sie an oder gibt ihnen Tapeten, und wenn du es wünschst, kannst du Wandlampen oder Leuchter anbringen. Wenn du deinem Raum Fenster gegeben hast, möchtest du vielleicht auch Vorhänge haben oder Rollos...

Tritt an eines der Fenster, schau nach draußen und gib deinem Raum eine Umgebung, die dich inspiriert. Vielleicht soll das ein schöner Garten sein am Ufer eines Sees, eine Gebirgslandschaft oder der Ausblick auf das Meer...

Langsam nimmt dein Raum Gestalt an. Jetzt wende dich dem Fußboden zu. Wie soll der Fußboden aussehen? Magst du hölzerne Dielen? Einen großen Teppich oder Steinfliesen?...

Nun kannst du überlegen, wie du diesen Raum möblieren willst. Vielleicht möchtest du nur große Sitzkissen darin verteilen; vielleicht wünschst du dir Stühle, vielleicht einen Tisch oder eine Couch, um darauf auszuruhen...

Und wenn du den Raum fertig eingerichtet hast, dann setz dich hin und betrachte dein Werk. Wenn du etwas verändern willst, etwas hinzufügen oder wegnehmen, dann kannst du das jetzt tun...

Wenn du nun vollständig zufrieden bist, dann lass das Schweigen und die Ruhe deines privaten Raumes dich einhüllen und erfrischen. Was du jetzt geschaffen hast, ist dein eigener innerer Raum. Diesen Platz kennst nur du allein und hierher kannst du jederzeit kommen. Hier kannst du vollständig allein sein, aber wenn du das willst, kannst du auch einen Freund oder einen Mentor hierher einladen, Menschen, die dir guttun und die dich verstehen. In diesem Raum hast du keine Verpflichtungen. Hier kannst du vollständig du selbst sein. Du hast jetzt zwei Minuten Zeit, um ein erstes Mal zu genießen, wie angenehm es sein kann, hier einzukehren und dich hier zu Hause zu fühlen. Hier kannst du träumen, nachdenken oder meditieren. Und wenn dir danach zu Mute ist, kannst du hier auch Musik hören und tanzen, ohne dass du dabei gestört wirst... (2 Minuten)

Wenn du jetzt bereit bist, steh auf und geh zurück zu der Tür. Dreh den Knauf herum, öffne sie und schau noch einmal zurück auf deinen Raum, den du dir eben geschaffen hast. Schließ die Tür dann sorgfältig hinter dir. Geh den Flur mit dem Bodenmosaik entlang und komme hierher in diesen Raum zurück. Bewahre das Geheimnis dieses Raumes gut in dir auf...

Reck und streck dich ein wenig, atme einmal tief aus und öffne die Augen... Sei wieder hier, erfrischt und wach...

Dem tiefen
Selbst begegnen

Tief in uns haben wir jene zeitlose Ergänzung unseres Tagesbewusstseins, die wir als unser inneres Selbst bezeichnen können. Das ist jener Teil in uns, der weise ist, unvergänglich und tief dem Leben verbunden.

In der folgenden Phantasiereise können wir dieses innere Selbst erleben.

Anleitung

Setz dich bequem hin und schließ die Augen... Mach deinen Rücken ganz gerade und stell beide Füße fest auf den Boden... Atme dreimal tief aus und spüre, wie du jedes Mal entspannter und ruhiger werden kannst...

Stell dir vor, dass du in einer felsigen Bucht am Meer stehst. Du bist ganz allein, bis auf die Möwen, die über dir kreisen und ihre Schreie hören lassen. Um dich herum ragen graue Felsen auf, die das Meer geformt hat. Sie sind mit Farn und wilden Gräsern bedeckt, die aus den Felsspalten herauswachsen...

Du gehst über den weichen, silberfarbenen Sand, der am Fuß des grauen Kliffs einen schmalen Uferstreifen bedeckt. Jetzt entdeckst du in einem der Felsen eine schmale Öffnung. Du gehst hindurch und kommst in einen engen, dunklen Gang. Hier ist es ganz dunkel, aber nach einiger Zeit gewöhnen sich deine Augen an die Dunkelheit, und du kannst einen gewundenen Gang erkennen. Wände und Decke sind aus grauem Fels, und am Boden steht Wasser in kleinen Pfützen, das von der letzten Flut übrig geblieben ist. Während du diesem Gang folgst, spürst du, dass die Luft nach Salz und Seetang riecht. Allmählich erweitert sich der Gang. Hier gibt es kein Tageslicht mehr, dafür beleuchten Kerzen den Weg, die in Abständen an den Wänden angebracht sind. Und am Ende mündet der Gang in einem kreisrunden Raum. Überall an den Wänden siehst du Kerzen, deren Flammen sich in einem runden Wasserbecken spiegeln, das in der Mitte des Raumes liegt. Am

Rande des Beckens stehen Bänke. Du bist ganz allein hier und alles ist ruhig und still...

Du setzt dich auf eine der Bänke, schaust auf das spiegelnde Wasser und siehst den pulsierenden Reflex der brennenden Kerzen, die von einem leichten Lufthauch bewegt werden. Nun bemerkst du in der Mitte des Wassers eine zunehmende Helligkeit, die höher und höher, bis zur Decke des Raumes, hinaufstrahlt. Und aus diesem Licht entsteht eine wunderbare Gestalt, die dich grüßt und dir sagt, dass du hier jede Frage stellen kannst, die dich beschäftigt. In dem Schweigen, das darauf folgt, wird dir gesagt, dass du die Antwort auf deine Frage bekommen wirst, vielleicht nicht sofort, aber sie wird kommen, und du kannst dich darauf verlassen. Sie kommt vielleicht durch ein Buch, das du liest, durch die Unterhaltung mit einem Freund oder im Schweigen deines eigenen Herzens. Du bekommst die Zusicherung und das Versprechen, dass dir die Antwort gegeben wird, wenn die Zeit gekommen ist. Natürlich möchtest du wissen, wer dieses Wesen aus Licht ist, und du hörst, dass dies dein eigenes, wahres Selbst ist... Und vielleicht bekommst du bereits jetzt eine erste Antwort – in Worten, in einem Bild, in einer Empfindung... (1 Minute)

Und ehe dieses Wesen wieder in das Wasser zurückkehrt, strahlt es Liebe und Frieden in dein Herz und sagt dir, dass du zu diesem Platz jederzeit zurückkehren kannst, wenn du das möchtest. Du bedankst dich für diese Begegnung und nimmst alles mit, was dir geschenkt wurde...

Du gehst den Gang zum Meer zurück und trittst durch die Öffnung im Felsen wieder ins Freie. Und von dort kehrst du in deinem eigenen Rhythmus hierher in diesen Raum zurück. Bewahre das Geheimnis der Begegnung, die du gerade erlebt hast, sorgsam in dir auf...

Spüre deinen Körper... Reck und streck dich ein wenig und atme einmal tief aus... Und wenn du bereit bist, öffne deine Augen und sei wieder hier, erfrischt und wach...

Eine Antwort
bekommen

Manche Fragen können wir mit unserem Tagesbewusstsein nicht leicht beantworten. Wir spüren das, fühlen uns unruhig, unsere Gedanken schweifen ab. Der Grund für diese Schwierigkeiten liegt oft darin, dass wir nur auf unseren Intellekt zurückgreifen und unsere Gefühle ausklammern. Hier können wir auf eine Phantasiereise gehen und eine wichtige Frage mit der Weisheit des Herzens beantworten.

Anleitung

Setz dich bequem hin und schließ deine Augen... Mach deinen Rücken ganz gerade und stelle beide Füße ganz fest auf die Erde... Atme dreimal tief aus und bemerke, wie du jedes Mal ruhiger und entspannter wirst...

Wenn du tief und langsam atmest, verändert sich etwas in deinem Bewusstsein. Vielleicht fühlst du dich sicherer; vielleicht kannst du alles vergessen, was unerledigt ist; vielleicht kannst du diesen Augenblick der Stille genießen und dabei empfinden, dass du diese innere Freiheit verdienst. Und vielleicht hast du Lust, auf deine Gedanken zu achten. Vielleicht sind sie jetzt freundlicher und positiver, wenn du deinen Körper spürst und die Weite in deinen Empfindungen. Und wenn du auf deinen Atem achtest, dann erzeugst du in deinem Körper und in deinem Herzen innere Weite.

Betrachte dein Herz und deinen Körper als Partner. Wenn du angestrengt nachdenkst, dann stoppst du oft deine Gefühle. Du verlierst den Kontakt zu deinem Körper und deinem Herzen. Gerade wenn du dich mit einer schwierigen Frage beschäftigst, wenn deine Gedanken ungeordnet und chaotisch durcheinanderlaufen, dann ist es weise, die Anstrengung des Denkens nicht noch zu steigern. Aber du hast einen Ausweg: Du kannst wieder lebendigen Kontakt mit deinem Körper und mit deinem Herzen aufnehmen. Geh einfach mit tiefen, langen Atemzügen in einen Zustand der Ruhe. Spüre deine Empfindungen; spüre deinen atmenden, lebenden Körper; spüre, was in deinem Herzen vor sich geht und bemerke, wie das deinen Geist beruhigt. Spüre, wie eine tiefe Ruhe in deinem Herzen und deinem Körper entsteht, wenn dein Geist sich entspannt. Diese Ruhe kannst du immer finden. Langsames, tiefes Atmen gestattet dir, das Schweigen zwischen den einzelnen Gedanken zu spüren. Jetzt kannst du leichter entscheiden; du kannst deine Gedanken besser steuern; du kannst besser beurteilen, welche Gedanken dich weiter führen...

Stell dir vor, dass ein Kerzenständer mit einer gelben Bienenwachskerze vor dir steht. Sieh, wie du die Kerze anzündest und beobachte, wie die Flamme zuerst flackert und dann allmählich größer und heller wird. Beobachte die Flamme eine Weile und sieh, wie sie stärker und leuchtender wird, während du sie anschaust...

Und nun bemerke das kleine, blaue Licht im Herzen der größeren, gelben Flamme. Konzentriere deine Aufmerksamkeit auf diese Stelle und schau tiefer und tiefer hinein in dieses blaue Herz, bis du nichts anderes mehr siehst...

Und im Herzen der kleinen, blauen Flamme wird gleich das Gesicht einer sehr weisen und liebevollen Person erscheinen, der du in deinem Leben noch nie begegnet bist. Vielleicht hast du dieser Person einmal im Traum gesehen; vielleicht kennst du sie aus einem Märchen oder aus einer Geschichte, die du irgendwann gelesen hast. Aber es kann auch sein, dass du dieses Gesicht zum allerersten Male siehst. Bemerke jetzt die Weisheit und die Liebe, die dieses Gesicht ausstrahlt. Sieh diese dunklen Augen, die zu lächeln scheinen. Und all das ist jetzt da, nur für dich...

Du kannst diese Person um Rat fragen, wenn dich irgendetwas in deiner gegenwärtigen Lebenssituation beschäftigt, wenn du darüber nachdenkst, in welche Richtung du gehen willst und was dein nächster Schritt sein könnte. Du kannst jede Frage, die dich bewegt, stellen und dann abwarten, was die Person dir antwortet. Warte auf die Antwort und akzeptiere, was kommt. Oft ist die erste Botschaft die klarste. Vielleicht hörst du nur ein Wort; vielleicht hörst du ein paar deutliche Sätze; vielleicht kommt die Antwort als Bild oder als Gefühl...

Vielleicht hat die weise Person noch eine zusätzliche Botschaft für dich, die auf den ersten Blick nichts mit deiner Frage zu tun hat. Wenn du diese besondere Botschaft erhalten möchtest, dann kannst du das der weisen Person sagen und wiederum auf eine Antwort warten...

Benutze diese Gelegenheit, wo die weise Person dir ganz nahe ist. Ihre Präsenz hilft dir, dein Problem zu lösen. Vielleicht möchtest du eine Beziehung verändern; vielleicht möchtest du in deiner Arbeit eine Veränderung herbeiführen... Was immer du ändern willst, erzähle der weisen Person, was du zu tun vorhast... Und nun stell dir vor, dass du diese Veränderung durchführst. Sieh, was du tust, wie du dich fühlst und wie die Menschen deiner Umgebung auf dich reagieren. Lass dich von der weisen Person inspirieren; lass dir von ihr Entschlossenheit und Klarheit schenken...

Nun wird es Zeit, dass du dich von der weisen Person verabschiedest. Danke ihr für alles, was du von ihr bekommen hast. Du kannst jederzeit zu ihr zurückkehren, wenn du Stärke, Weisheit und liebevolles Verständnis brauchst...

Bring alles, was wertvoll für dich ist, hierher zurück und nimm dir einen Augenblick Zeit, um darüber nachzudenken, was du bekommen hast. Was bedeuten diese Informationen? Wie kannst du beurteilen, ob diese Antwort richtig ist? Mach dir klar, dass das unmöglich ist. Alles, was du tun kannst, ist, ganz aufmerksam zu hören, vielleicht etwas auszuprobieren und herauszufinden, was dann geschieht. Und wenn du dieses Experiment später allein wiederholst, dann beurteile zunächst nicht den Inhalt der Botschaft, sondern ihre Qualität. Ist die Antwort klar? Liebevoll? Direkt? Dann hörst du vermutlich deine eigene, innere Weisheit. Manchmal aber hören wir die Stimme unseres Egos, unseres inneren Kritikers oder unserer Eltern. Das kann vorkommen. Dann müssen wir etwas Zeit verstreichen lassen und von vorne anfangen. Das ist ein Zeichen, dass wir tiefer gehen müssen, bis in unser Herz...

Und nun reck und streck dich ein wenig... Atme einmal tief aus... Wenn du bereit bist, öffne die Augen und sei wieder hier, erfrischt und wach...

Eine Offenbarung

Je älter wir werden, desto leichter gelingt es uns, die Rollen zu spielen, die wir im Leben benötigen. Als kleines Kind haben wir uns vermutlich einheitlicher gefühlt. Wir waren spontaner, neugieriger und bereit, uns den vielen Wundern und Geheimnissen des Lebens zu öffnen. Wir spürten, dass wir unsterblich sind, und wir waren zutiefst von unserem Wert und unserer Würde überzeugt. Je älter wir wurden, desto kritischer wurden wir uns selbst gegenüber. Wir entdeckten unseren Schatten und wir entwickelten Zweifel. Unser spirituelles Selbst trat immer mehr in den Hintergrund. In dieser Phantasiereise können wir versuchen, jenes Selbst wiederzufinden, das uns in unserer Kindheit so vertraut war.

Anleitung

Bitte setz dich bequem hin und schließ deine Augen... Sorge dafür, dass dein Körper ganz locker ist, dass du frei atmest und dich mehr und mehr entspannen kannst...

Konzentriere dich jetzt auf das Energiezentrum deines Herzens. Bemerke, wie sich dieses Zentrum weiter und weiter ausdehnt, mit jedem Atemzug...

Stell dir vor, dass sich dieses Zentrum so weit ausdehnt, dass es dich ganz umgibt, und dir gestattet, bequem in seiner Mitte zu sitzen... Und wenn du dich jetzt umschaust und deine Umgebung betrachtest, dann entdeckst du, dass du in einem Raum sitzt, der von einem zartrosa Licht gefüllt ist. Blumen der verschiedensten Arten und Farben umgeben dich, und der Boden ist übersät mit feinen Kristallen aus Rosenquarz...

Du sitzt in diesem Schweigen und bemerkst, dass eine sehr, sehr leise Stimme zu dir spricht. Zuerst ist sie kaum hörbar, aber je mehr du dich auf sie konzentrierst, desto besser kannst du verstehen, was gesagt wird. Du hörst, dass du sanft und liebevoll bei deinem Namen gerufen wirst... Zuerst hörst du deinen wirklichen Vornamen, aber der zweite Vorname kommt völlig überraschend für dich. Du fragst, wem dieser zweite Vorname gehört... Dir wird gesagt, dass dies dein spiritueller Name sei, den du seit Anbeginn der Zeit getragen hast. Es ist der Name, der deine ganze Existenz umfasst... (1 Minute)

Du denkst darüber nach, was du gehört hast. Da wird dir ein großes, schmiedeeisernes Tor gezeigt und man fragt dich, ob du durch dieses Tor hindurchgehen möchtest. Wenn du Ja sagst, dann öffnet sich das Tor und gestattet dir, hindurchzugehen und in einen großen, wunderschönen Garten einzutreten. In dem Garten siehst du eine unglaubliche Vielzahl von Bäumen, Sträuchern und Blumen, mit Blüten und Früchten in allen Farben. In der Mitte kannst du einen Springbrunnen entdecken, der leise plätschert. Du spürst die Präsenz anderer Wesen an diesem Ort, aber du erkennst nur das eine, das an deiner Seite geht, jenes Wesen, dessen Stimme mit dir gesprochen hat...

Gemeinsam geht ihr an den Rand des Springbrunnens und setzt euch auf den Rand. Du schaust in das Wasser und siehst dein eigenes Spiegelbild und das Spiegelbild deines Begleiters. Zuerst siehst du beide Bilder getrennt, aber nach einiger Zeit vereinigen sich beide Bilder zu einem einzigen. Es ist nicht leicht für dich zu verstehen, dass das dein Spiegelbild ist, das du jetzt siehst. Es entspricht gar nicht dem Bild von dir, das du kennst. Es scheint jünger zu sein, heller und ganz entspannt. Die Augen drücken Schönheit und inneren Frieden aus. Neugierig fragst du, was dieses Bild zeigt... Die Stimme neben dir erklärt es dir: Du darfst dein göttliches Selbst sehen, jenen Teil von dir, der unvergänglich ist, der immer schon da war, der immer bleiben wird, auch wenn dein Körper zu Staub zerfällt...

Und jetzt sagt die Stimme leise zu dir, dass es Zeit ist, wieder zu deinem Alltagsbewusstsein zurückzukehren. Du stehst auf und verlässt den Springbrunnen. Du gehst wieder durch den Garten und durch das schmiedeeiserne Tor. Dort verabschiedest du dich von deinem Begleiter, der schon wieder unsichtbar geworden ist, und dessen Stimme dir liebevoll Adieu sagt. Du hörst, dass du ihn wiedertreffen kannst, wann immer du möchtest, an diesem schmiedeeisernen Tor, am Eingang des Gartens...

Und nun komm wieder zurück an den Platz, wo du zu Beginn gesessen hast... Spüre deinen Körper... Reck und streck dich ein wenig und atme einmal tief aus... Und während du langsam zu deinem Tagesbewusstsein zurückkehrst, kannst du alles mitbringen, was für dich wertvoll ist... Verschließe dein Herzzentrum wieder sorgsam... Öffne deine Augen und sei wieder hier, erfrischt und wach...

HEILENDE
IMAGINATION

Die Teilnehmer können hier eine schöne Phantasie kennenlernen, die bei psychosomatisch bedingten Erkrankungen, bei Verletzungen, Empfindlichkeiten und bei Erschöpfungszuständen hilfreich ist. Sie können diese Technik auch später verwenden, um die Selbstheilungskräfte ihres Körpers zu unterstützen.

ANLEITUNG

Setz dich bequem hin und schließ die Augen... Mach deinen Rücken ganz gerade und stell beide Füße ganz fest auf den Boden... Atme dreimal tief aus und bemerke, wie du jedes Mal ruhiger und entspannter wirst...

Alle Lebewesen, alle Pflanzen und alle Tiere haben eines gemeinsam, nämlich die Kraft, sich selbst zu heilen. Das trifft auf ein verletztes Tier zu, auf eine beschädigte Pflanze und zum Glück trifft es auch auf dich zu. Tiere – und natürlich auch der Mensch – erholen sich von Wunden und Krankheiten. Eine Pflanze kann neue Blätter und Zweige wachsen lassen, und manchmal sieht der Beobachter noch an den Narben, wo einmal eine Verletzung war...

Auch du hast diese wunderbare Fähigkeit; auch du hast diese heilende Energie in dir, die Erstaunliches leisten kann...

Geh nun tief in dich hinein, mitten in dein Körperzentrum, dorthin, wo die Quelle dieser heilenden Energie ist. Geh mit deinem Bewusstsein genau an die Quelle der heilenden Energie und spüre, dass sie dort entspringt. Sammle dort etwas von dieser Energie und schick sie zu dem Teil deines Körpers, wo sie im Augenblick am nötigsten gebraucht wird...

Jeder hat seine eigene persönliche Vorstellung von dieser Energie. Für manche ist sie eine Quelle des Lichtes, heilendes Licht wie das der Sonne, ein Licht, das man in den Teil des Körpers schicken kann, der Heilung braucht. Dieses heilende Licht kann den kranken oder erschöpften Körperteil umgeben und durchdringen. Manchmal ist es eine weiße leuchtende Energie, die wir uns vorstellen, manchmal werden andere Farben als angenehm empfunden...

Du kannst dir auch selbst ein Bild von deiner heilenden Energie machen. Entdecke sie tief in dir und schicke sie dahin, wo dein Körper sie braucht...

Und nun fühle und spüre, dass der Prozess der Heilung in dir beginnt. Du kannst die Heilung tatsächlich fühlen. Fühle die Heilung, heile deine Gefühle... Schick die Energie durch deinen Körper dorthin, wo sie gebraucht wird, und lass dich überraschen, welche Stelle du dir intuitiv ausgesucht hast. Dein Unbewusstes weiß sehr viel mehr von deinem Körper als dein Tagesbewusstsein, und vielleicht weiß dein Unbewusstes, dass noch andere Teile deines Körpers heilende Energie benötigen. Trau deiner Intuition und folge ihren Empfehlungen... (1 Minute)

Nun kannst du deine Vorstellungskraft einsetzen und ein Bild von dem verletzten, kranken oder erschöpften Teil deines Körpers entstehen lassen. Vielleicht ist das ein Bild wie aus dem Anatomiebuch; vielleicht siehst du ein dreidimensionales Bild; vielleicht siehst du ein symbolisches Bild. Aber es kann auch sein, dass du ein Klangbild entwickelst und sogar Töne hörst, die dieser Körperteil macht, oder du hast ein Gefühlsbild, das dir zeigt, wie sich dieser Körperteil anfühlt oder wie er sich bewegt... Benutze dein Gespür und deine Intuition, um ein Bild zu entwickeln, das für dich Bedeutung hat, und mach es möglichst lebendig. Lass es zeigen, was du siehst, hörst, spürst, tastest, riechst und schmeckst... (1 Minute)

Dann schieb dieses Bild für einen Augenblick zur Seite und stell dir ein anderes Bild vor, ein Bild von Heilung und Wiederherstellung der Gesundheit. Entwickle das Bild, wie dein Körper sein wird, wenn es dir wieder gut geht, wenn Harmonie und Kraft im Körper wiederhergestellt sind. Lass dich wieder von deiner Intuition leiten und mach das Bild realistisch oder symbolisch, und gib ihm jene wunderbare Eigenschaft, die du spürst, wenn du gesund bist... (1 Minute)

Stelle nun beide Bilder nebeneinander. Deine Aufgabe ist jetzt ganz einfach: Du musst dafür sorgen, dass das erste Bild in das zweite übergehen kann. Dafür gibt es verschiedene Methoden. Du kannst dir einen kleinen Videoclip vorstellen, der den Prozess der Heilung im Zeitraffer zeigt; du kannst noch ein paar Bilder sehen, die die Brücke darstellen und die Stationen der Heilung zeigen; du kannst auch einfach spüren, wie das erste Bild sich in das zweite verwandelt...

Das allerwichtigste aber ist, dass du deine Heilung täglich begleitest. Je häufiger du die Heilung siehst, desto klarer ist die Botschaft, die du deinem Körper gibst. Du sagst ihm nämlich Folgendes: „Ich lasse dich nicht allein. Ich unterstütze dich und ich weiß, dass ich wieder gesund sein kann, weil ich schon auf dem Weg der Besserung bin."

Und nun ist es Zeit, mit deiner Aufmerksamkeit wieder hierher zurückzukommen. Spüre deinen Körper... Atme dreimal tief aus und bring alles mit, was wertvoll für dich ist... Wenn du bereit bist, öffne deine Augen und sei wieder hier, erfrischt und wach...

Poseidon

☾ Diese Phantasiereise wendet sich exklusiv an Männer. Sie kann helfen, männliches Selbstbewusstsein zu fördern, insbesondere das Empfinden von Leidenschaft, Spontaneität und Zärtlichkeit. Viele Männer, wie auch viele Frauen, sind heute ein Opfer der Schönheitsfalle. Sie glauben, dass sie einen perfekten Körper brauchen, um begehrenswert zu sein. Das ist ein ähnliches Missverständnis, wie die unglückliche Vorstellung, dass der Mann ökonomisch und sexuell dominant sein muss, um sich sicher fühlen zu können. Männer mit diesen Vorurteilen geraten chronisch in Liebesbeziehungen, die als Fiasko enden. Sie wählen innerlich unsichere Frauen, die Angst vor Intimität haben.

In dieser Phantasiereise verwenden wir den antiken Mythos vom griechischen Gott des Meeres, der Erdbeben und der Pferde – von Poseidon. Poseidon ist das Symbol von Stärke und Verletzlichkeit. Sein Element ist das Wasser, das nie zur Ruhe kommt und das die Grundlage allen Lebens ist. Das Wasser sorgt dafür, dass Poseidon sensibel und differenziert bleibt. Poseidon folgt seinen Gefühlen. Er ist zornig, wenn er gereizt wird; auf der anderen Seite zeichnet er sich durch Sanftmut aus und durch Hilfsbereitschaft. Man kann sagen, dass Poseidon neben seiner kräftigen Männlichkeit auch einen deutlichen Anteil an Weiblichkeit aufweist. Das macht ihn zu einem geschätzten Liebhaber. Poseidon hatte unzählige Kinder von Nymphen und sterblichen Frauen. Er war der Vater von mehreren Argonauten, und sein berühmtester Sohn unter den Sterblichen war Theseus. Aus seiner Verbindung mit Medusa, die damals noch ein schönes Mädchen war, ging das Zauberpferd Pegasus hervor, der Liebling der Musen.

Wenn Sie mit einer gemischten Gruppe arbeiten wollen, dann trennen Sie die Gruppe bitte nach Geschlechtern und machen Sie nur den Männern das Geschenk der Poseidon-Phantasie. Später können die Männer den Frauen berichten, was sie dabei erlebt haben bzw. sie können die Wirksamkeit dieser mythologischen Phantasie durch verändertes Verhalten zum Ausdruck bringen.

Anleitung

Setz dich bequem hin und schließ die Augen... Achte darauf, dass dein Rücken ganz gerade ist und dass beide Füße fest auf dem Boden stehen... Atme dreimal tief aus...

Stell dir vor, dass du an einem wunderschönen Strand in Griechenland bist. Über dir ist ein wolkenloser blauer Himmel. Einige Möwen segeln spielerisch auf der leichten Brise und der rhythmische Schlag der Wellen erzeugt in dir mehr und mehr Entspannung, die sich überall in deinem Körper ausbreitet. Die Temperatur ist angenehm für dich...

Du schaust dich um und entdeckst am Strand einen großen Felsen, der wie ein Keil in den Himmel aufragt. Du wirst von diesem mächtigen Stein magisch angezogen. Neugierig gehst du auf den Felsen zu... Die Sonne scheint warm auf deinen Rücken, und der sanfte Wind erfrischt dich. Ab und zu kommt eine Welle aus dem Meer, läuft den Strand hinauf und überspült deine Füße. Das Meer hat gerade die richtige Temperatur, sodass du ein angenehmes, leichtes Kribbeln empfindest. Und während du auf den Felsen zugehst, bemerkst du, wie deine Entspannung immer angenehmer wird. Sie fließt über deinen ganzen Körper... und jeder Schritt gibt dir das Gefühl, noch lockerer und leichter zu werden... Schließlich erreichst du den Felsen und bemerkst ein paar Stufen, die zu seiner Spitze führen. Du entschließt dich hinaufzusteigen. Während du Stufe für Stufe höher steigst, wird dir eine Frage, die dich schon längere Zeit beschäftigt hat, immer klarer und deutlicher... Und als du ganz oben angekommen bist, hast du einen wunderbaren Ausblick. Du stehst da und nimmst die Schönheiten und Wunder der Natur tief in dich auf... Jetzt hörst du eine schöne Melodie, die aus dem Felsen zu kommen scheint. Sie tanzt in der Luft. Dir ist, als wäre dir diese Melodie bekannt. Zu deinem Erstaunen gibt sie dir eine Antwort auf die Frage, die dich beim Aufstieg auf den Felsen beschäftigt hat...

Es gefällt dir hier oben so gut, dass du dich hinsetzt und aufs Meer hinausschaust. Deine Gedanken wandern, und dir fällt Poseidon ein, der griechische Gott des Meeres. Poseidon verbringt die meiste Zeit im Meer. Er hat einen großen Wasserpalast und reist in einem von zwei Pferden gezogenen Wagen über die Wellen. Ein leichtes Gefühl von Bewunderung kommt in dir auf. Du erinnerst dich nämlich an die vielen schönen Frauen, die Poseidon begehrt und liebt. Er kennt keine gemischten Gefühle... Als Gott des Meeres kennt Poseidon das Strömen von Energie und den Austausch von Energie. In ihm pulsiert die Lebenskraft, die Energie der Schöpfung, das Blut der Leidenschaft, die Macht der Liebe und der Genuss der Hingabe. Mit seiner gewaltigen Kraft kann er das Meer aufwühlen, aber er kann es auch schnell wieder beruhigen. Die Frauen lieben ihn aber nicht nur wegen der Lebenskraft, die er ausstrahlt. Sie schätzen seine sensiblen Hände und seine Präsenz. Poseidon kann sich vollständig konzentrieren, und die Frau, die er liebt, genießt die Kommunikation mit ihm. Poseidon versteht es, seine Partnerin in Trance zu versetzen und er ist bereit, sich selbst in Trance versetzen zu lassen – durch Worte, durch einen Blick, durch eine Berührung. Natürlich hat Poseidon viele Neider. Man wirft ihm Gewalttätigkeit vor, aber das ist eine Lüge. Als Gott des Wassers weiß Poseidon, wie wichtig tiefe Entspannung und ein liebevolles Bewusstsein bei beiden Partnern ist. Und die Frau, die Poseidon liebt, kann das Verschmelzen unendlich genießen – Erde und Himmel kommen zusammen. Sie fühlt sich lebendig, offen, präsent und wie neu geboren. Die Liebe des Meergottes ist ein Geschenk, das ihr Leben verwandelt...

Und während du dir das Bild Poseidons aus deinem mythologischen Wissen zusammensetzt, empfindest du, dass du selbst in eine Trance gehst. Du weißt jetzt, dass du an einem heiligen Ort bist und gibst dem großen Stein einen Namen: „Poseidonfelsen". Du weißt, dass du heute dem Gott begegnen wirst...

In deinem Traum stehst du an einem einsamen Strand. Hinter dir hörst du ein Rauschen... Du wendest dich um und siehst, wie Poseidon aus dem Wasser steigt und an Land kommt. In der Hand hält er seinen Dreizack, das Symbol seiner göttlichen Kraft. Sieh die Aura, die Poseidon umgibt, die Kraft seines Körpers, die Bestimmtheit seiner Bewegungen und sein göttliches Lächeln.

Poseidon kommt auf dich zu und es scheint, als könne er deine Gedanken lesen. Er legt dir seine Hand auf die Schulter, schaut dir in die Augen und sagt: „Ich schenke dir einen Tag. In dieser Zeit kannst du Poseidon sein. In dieser Zeit kannst du Erfahrungen machen, die dir ganz neue Einsichten geben und die deine Gefühle verändern werden."

Dann ist Poseidon verschwunden, und du spürst, dass du dich in den Gott des Meeres verwandelst... Geh ins Wasser und spüre, wie die Wellen gegen deine Brust branden, aber deine Kraft ist so groß, dass du die Wellen mühelos teilst, während du auf eine kleine Insel zusteuerst, die du jetzt in der Nähe siehst. Spüre, wie du die Wellen teilst, während du dich der Insel näherst... Jetzt trittst du aus dem Wasser heraus, und das Wasser tropft von deinem kräftigen Körper herab. Spüre, dass dein Körper heiß ist und dass die sanfte Meeresbrise ihn trocknet, während du dich bewegst. Spüre die kühle Luft an deinem warmen Körper... Jetzt siehst du, dass es hier einen Tempel gibt, der auf einem Hügel steht. Der Tempel gehört Aphrodite, der Göttin der Liebe, und du weißt, dass er von Priesterinnen gehütet wird. Du gehst eine lange, steinerne Treppe nach oben und gelangst in ein erstes Gemach. Hier siehst du eine unglaublich schöne Frau, die auf einem Bett schläft. Du glaubst, dass du nie eine schönere Frau gesehen hast, aber du gehst weiter in das nächste Zimmer. Du weißt, dass es zwölf Zimmer gibt, und du gehst von Zimmer zu Zimmer. In jedem dieser Zimmer schläft eine Priesterin, eine schöner als die andere... Dann kommst du in das dreizehnte Zimmer und öffnest die Tür. Als du die Tür öffnest, kommt dir goldenes Licht entgegen. Auf einem goldenen Bett ruht die Hohepriesterin des Tempels. Neben dem Bett brennt ein Feuer und die Luft ist voll duftender Essenzen. Und die Schönheit der zwölf Mädchen in den zwölf Zimmern wird bei weitem übertroffen von der Schönheit der Hohepriesterin. Sie lächelt dich an und du hörst die Worte: „Willkommen im Tempel der Aphrodite. Du wirst schon erwartet." Du schließt die Tür hinter dir und hast jetzt drei Minuten messbarer Zeit, aber diese Zeit wird dir viel länger vorkommen, so lang wie drei Tage und drei Nächte.

Ich werde jetzt schweigen und dich allein lassen mit der Hohepriesterin der Liebe... (3 Minuten)

Und nun ist es Zeit, dass du den Tempel der Liebe wieder verlässt. Verabschiede dich von der Priesterin und kehre durch das Meer zurück an den Strand, wo du Poseidon begegnet bist. Bemerke, dass du wieder du selbst wirst, und kehre von diesem Strand zurück auf Poseidons Felsen. Merke dir diesen Felsen, damit du hierher zurückkehren kannst, wann immer du das Charisma Poseidons wieder erleben möchtest...

Nun komm zurück in diesen Raum, spüre deinen Körper und atme einmal tief aus... Bring alles mit, was wertvoll für dich ist... Wenn du bereit bist, öffne die Augen und sei wieder hier, erfrischt und wach...

Usha

☾ Hier verwenden wir den indischem Mythos von Usha und Brahma für eine Phantasiereise, die speziell für Frauen bestimmt ist, insbesondere für Frauen, die sich zu wenig attraktiv fühlen, die Angst haben vor der eigenen Weiblichkeit, deren Sexualität beschädigt wurde, sodass sie Angst vor Männern haben. Diese Phantasiereise kann dazu beitragen, dass das natürliche und spielerische sinnliche Selbst neu entdeckt wird.

Von der indischen Göttin Usha können wir lernen, wie eine Machtbalance in der Beziehung zwischen Mann und Frau möglich ist. Die Göttin Usha ist spielerisch und selbstsicher, weil sie ihre Autonomie und Freiheit ebenso spürt, wie ihre Schönheit und Anziehungskraft. Darum muss sie den Mann nicht zurückweisen, aber sie lässt sich von ihm nicht einsperren oder unterdrücken. Usha tanzt mit dem Mann in dem natürlichen Rhythmus von Ebbe und Flut, von Annäherung und Entfernung; sie verwandelt sich in immer neue Tiere, und der Gott, der sie jagt, folgt ihr in Metamorphosen. Wenn sie ein weiblicher Tiger wird, dann wird Brahma ein männlicher Tiger. Wenn sie sich kurz vereinigen, dann wird ein kleiner Tiger geboren, und auf diese Weise entstehen alle Lebewesen. Dieser Mythos ist die Hindugeschichte der Schöpfung. Er weist uns darauf hin, dass die attraktivste Frau ein Mensch ist, der an erster Stelle das Leben liebt, eine Frau, die spürt, dass sie alles hat, was sie begehrenswert macht. Frauen, die das wissen, sind unwiderstehlich. Sie wissen, dass sie den Mann nur dann schätzen können, wenn sie sich selbst schätzen. Sie wissen, dass sie ihr Charisma verlieren, wenn sie glauben, dass der Mann wichtiger oder begehrenswerter ist als sie selbst. Diese Selbstsicherheit macht die Frau bereit, sich emotional und physisch hinzugeben. Unter diesen Bedingungen bekommt die Vereinigung der Liebenden eine spirituelle Dimension.

ANLEITUNG

Setz dich bequem hin und schließ die Augen... Mach deinen Rücken ganz gerade und stelle beide Füße fest auf den Boden... Atme dreimal tief aus und bemerke, wie du jedes Mal ruhiger und entspannter wirst...

Stell dir vor, dass du in Indien bist. Es ist dunkel. Sieh vor dir die großen dunklen Augen eines Elefanten. Sieh seine Weisheit und seine Bereitschaft, deine Bürden mitzutragen. Während du in die Augen deines Elefanten schaust, kannst du ihm mitteilen, was dir Kummer macht und was du gern verbessern möchtest...

Jetzt kannst du den Körper des Elefanten deutlicher wahrnehmen. Du siehst den blauschwarzen Nachthimmel mit dem Vollmond und unzähligen funkelnden Sternen. Und dann nimmst du auch die Umgebung wahr. In der Ferne hörst du Musik von Trommeln und Zimbeln, du hörst das Tanzen von Füßen und das Klingeln kleiner Glöckchen. Du bist jetzt im Reich des Elefantengottes, wo alle deine Bürden leicht werden können. Der Elefant lässt sich auf die Knie fallen, und du kannst auf seinen Rücken steigen. Und nun nimmt dich der Elefant mit auf eine Reise durch die Nacht. Mit jedem Schritt des Elefanten kannst du dich besser entspannen...

Spüre, wie dein Körper sich von einer Seite zur anderen bewegt und dabei eine Acht beschreibt, das Muster der Unendlichkeit. Auf dem Elefanten kannst du durch den nächtlichen Dschungel reiten. Mühelos bahnt er sich seinen Weg. Es gibt kein Hindernis für deine Reise. Bemerke, wie sicher der Elefant seine Füße setzt, wie würdevoll und gemessen er einen Schritt nach dem anderen macht. Der ruhige Gang des Elefanten macht es dir leichter, die Wünsche deines Herzens zu erkennen, und dir zu überlegen, welchen Weg du einschlagen musst, um deinem Ziel näher zu kommen...

Jetzt wird das Gelände steiler und der Pfad enger, aber unbeirrbar geht der Elefant weiter, Schritt für Schritt. Lass innere Klarheit in dir entstehen darüber, wo deine Schwierigkeiten liegen und was du daran ändern kannst. Bemerke, dass jede Lösung erfordert, dass du auf dein Herz hörst, dass du deine Ziele selbst bestimmst...

Nun bricht der neue Tag an, und das erste Licht gibt dir Klarheit über die ersten Schritte, die du tun musst. Während du mit den Bewegungen des Elefanten mitschwingst, spürst du den Wunsch, ebenso mit dem Leben mitzuschwingen... Und als du oben auf dem Hügel ankommst, ist dein Herz ganz offen. Der Elefant kniet nieder und lässt dich absteigen. Du spürst den Boden unter dir, du empfindest Liebe zu Mutter Erde, während du in den Sonnenaufgang schaust. Die ersten Strahlen des Sonnenlichts leuchten auf und berühren dein drittes Auge. Während die Sonne höher und höher über den Horizont aufsteigt, kannst du fühlen, wie sich dein Geist weitet, und du bekommst ein Empfinden für all die Schätze, die du in deinem Geist gesammelt hast. Du ahnst, dass du viel mehr weißt, als du zu wissen glaubst. Mit Hilfe deiner Intuition kannst du deine Schwierigkeiten in einem neuen Licht sehen, um Wege zu erkennen, wie du die Energie in deinem Körper freier fließen lassen kannst.

Schöpfe nun fünf Mal tief Atem, während sich der Horizont weiter und weiter vor dir öffnet. Wenn du das fünfte Mal ausgeatmet hast, leg dich entspannt auf den Boden, auf den Bauch oder auf den Rücken. Und nun höre eine leise Stimme, die dir die Geschichte von Usha und Brahma erzählt. In diesem Mythos begegnest du Brahma, dem Schöpfer, der alles ins Leben ruft. Er hat auch Usha geschaffen. Diese Göttin ist eine wunderschöne Frau, aber sie ist nicht nur schön, sie verfügt über weibliche Macht. Sie bewegt ihren Körper mit Grazie; ihre Haut ist weich und sie hat lange, kupferrote Haare; sie ist voller Leben und sie lacht gern. Usha ist nicht nur physisch anziehend, sie ist voller Leidenschaft, voller Willenskraft und voller Liebe. Wenn sie läuft, dann ist sie schneller als der Wind. Sie spielt gern, und sie ist erfinderisch. Sie kommt auf immer neue Ideen und scheut sich nicht, ihre Gedanken und Gefühle deutlich auszudrücken. Sie ist so bezaubernd und schön, dass der Gott Brahma vollständig von ihr hypnotisiert ist. Brahmas Liebe ist so groß, dass er sie nicht verlieren möchte, darum will er sie am liebsten besitzen und immer in seiner Nähe haben. Aber Usha mag die Bedürftigkeit Brahmas nicht. Sie hat Angst vor seiner Einsamkeit. Allzu gern würde er sie mit goldenen Ketten anbinden. Das gefällt Usha überhaupt nicht. Darum läuft sie schnell davon, wenn Brahma in ihre Nähe kommt. Sie verwandelt sich sofort in irgendein Tier, z. B. in eine weibliche Taube. Dann bleibt Brahma nichts anderes übrig, als sich ebenfalls in eine Taube zu verwandeln. Jetzt kann er sie jagen und sich kurz mit ihr vereinigen. Aber Usha lässt sich nicht auf Dauer zähmen. Sie nimmt schnell wieder eine andere Gestalt an und läuft als Löwin davon, sodass der Gott Brahma zu einer neuen Verfolgungsjagd ansetzen muss und sich in einen Löwen verwandelt. Die beiden spielen ein göttliches Spiel, dessen Regeln die Frau bestimmt. Aber weil sie sich frei fühlt und lebenslustig ist, ist Usha geneigt, Brahma entgegenzukommen. Sie genießt seine Bewunderung und ist bereit, sich mit ihm zu vereinigen. Aus der endlosen Kette dieser Vereinigungen gehen alle Lebewesen hervor...

Nun hörst du aus dem Urwald den Klang von Trommeln. Mit jedem Trommelschlag kannst du dich tiefer entspannen und in eine angenehme Trance gehen... Du kannst nun dieses göttliche Paar sehen – Brahma und Usha... Sieh, wie Brahma die Göttin bewundernd anschaut. Er ist vollkommen verzaubert und staunt über das Wunder, das er sieht...

Wende deinen Blick nun zu Usha. Sieh, wie sie Lebenslust ausstrahlt. Sie atmet tief in ihren Bauch hinein. Ihre dunklen Augen sind weit geöffnet. Wenn sie den Duft einer Blüte bemerkt, dann vibrieren ihre Nasenflügel; ihre kräftigen Füße gehen elastisch über den Boden. Sie schaut Brahma herausfordernd an...

Der Gott hält den Atem an, wenn er das Wunder betrachtet, das er selber geschaffen hat...

Blicke wieder auf Usha. Ihre Haut ist ganz weich, und ihr langes rotes Haar duftet nach Gras...

Brahma kann seinen Blick nicht von Usha wenden. Er genießt ihr dunkles Lachen, das tief aus ihrem Bauch zu kommen scheint. Sieh seine göttliche Hilflosigkeit und sein zunehmendes Verlangen, Usha zu besitzen...

Sieh, wie Usha drei goldene Kugeln aus ihrem Kleid holt und geschickt damit jongliert... Und während du dem Götterpaar zuschaust, erinnere dich an Situationen in deinem Leben, wo du dich innerlich so gefühlt hast wie Usha – spielerisch, unschuldig, offen, leidenschaftlich, liebevoll und frei... Vielleicht musst du sehr weit zurückgehen in deinem Leben; vielleicht musst du auch deinen Körper fragen, der sich manchmal besser erinnert als dein Tagesbewusstsein...

Geh nun mit deiner Aufmerksamkeit wieder zu Brahma und Usha. Sieh, wie der Gott die Hände nach Usha ausstreckt und wie die Göttin ihm mit einem Lachen davonläuft. Sie verwandelt sich in irgendein Tier, um zu entkommen...

Beobachte gleichzeitig, wie Brahma sich in ein männliches Tier derselben Art verwandelt und sie verfolgt, bis er sie schließlich einholt...

Sieh, wie Usha ihre Flucht abrupt beendet und sich mit Brahma vereinigt. Und ehe sie sich in ein neues Tier verwandelt, bringt sie das gemeinsame Kind zur Welt...

Unverzüglich und ohne ein Zeichen von Müdigkeit verwandelt sich Brahma in dasselbe Tier und folgt seiner geliebten Gefährtin... Und nun werden die Trommeln, die du im Hintergrund hörst, etwas leiser, und du hörst, wie die beiden Tiere bei ihrer Verfolgungsjagd unentwegt miteinander sprechen. Klang und Tempo dieser Unterhaltung passen perfekt zum Rhythmus ihrer Bewegungen. Du bist beeindruckt von diesem Tanz des Lebens, von der Frau, die dieses Ballett inszeniert, um sich dann dem Mann hinzugeben. Aber du empfindest vielleicht auch eine gewisse Bewunderung für Brahma, dessen Liebe so stark ist, dass er sich der Führung der Frau überlässt und Wert darauf legt, immer wieder mit Usha zu kommunizieren...

Wenn du möchtest, kannst du Usha ein Zeichen geben und ihr ins Ohr flüstern, dass du für eine kurze Zeit ihren Platz einnehmen möchtest, indem du dich in die Göttin verwandelst. Dann kannst du noch besser empfinden, dass du ebenfalls in der Lage bist, frei zu sein und zu lieben... (2 Minuten)

Und nun werden die Trommeln leiser und leiser und hören ganz auf. Usha und Brahma werden wieder unsichtbar für dich, und du wachst aus deiner Trance auf. Es wird Zeit für dich, dass du mit deiner Aufmerksamkeit hierher zurückkehrst. Verabschiede dich von dem Elefanten, der dein Begleiter war, und danke ihm für alles, was er dir geschenkt hat...

Spüre deinen Körper wieder... Reck und streck dich und atme einmal tief aus... Bring alles mit, was wertvoll für dich ist... Und wenn du bereit bist, öffne die Augen und sei wieder hier, erfrischt und wach...

Mehr Phantasiereisen und Meditationen

iskopress

Klaus W. Vopel
Das Leben lieben
Phantasiereisen, Visualisierungen und Trancen
18 Seiten, Paperback
ISBN 978-3-89403-074-2

Klaus W. Vopel
Die Weisheit des Körpers
Phantasiereisen und Meditationen
224 Seiten, Paperback
ISBN 978-3-89403-138-1

Klaus W. Vopel
Seelenzeit
Phantasiereisen und Meditationen gegen Stress
266 Seiten, Paperback
ISBN 978-3-89403-339-2

Text: Klaus W. Vopel
Musik: Dietrich Petzold
Lust am Leben – CD
Phantasiereisen für Optimisten
Spielzeit: 78 Minuten
ISBN 978-3-89403-022-3

Kunst und Technik der Gruppenleitung

iskopress

Klaus W. Vopel
Kreative Konfliktlösung
Spiele für Lern- und Arbeitsgruppen
325 Seiten, ISBN 978-3-89403-098-8
Paperback

Klaus W. Vopel
Teamfähig werden
Spiele und Improvisationen, Teil 1 + 2
Teil 1: 190 Seiten, ISBN 978-3-89403-090-2
Teil 2: 174 Seiten, ISBN 978-3-89403-091-9
Paperback

Klaus W. Vopel
Wirksame Workshops
80 Bausteine für dynamisches Lernen
380 Seiten, Hard Cover
ISBN 978-3-89403-606-5

Für nähere Informationen fordern Sie bitte unser Gesamtverzeichnis an:

iskopress
Postfach 1263
21373 Salzhausen
Tel.: 04172/7653
Fax.: 04172/6355
E-Mail: iskopress@iskopress.de
Internet: www.iskopress.de